PONS

101 Witze
ITALIENLISCH
zum Lachen & Lernen

PONS

101 Witze

ITALIENISCH

zum Lachen & Lernen

von
Federica Tommaddi

3. Auflage 2024

Projektleitung: Majka Dischler
Autorin: Federica Tommaddi
Redaktion: Susanne Magnani
Logoentwurf: Erwin Poell, Heidelberg
Logoüberarbeitung: Sabine Redlin, Ludwigsburg
Einbandgestaltung und Cover-Illustration: Mariela Schwerdt, Design & Feinschliff Studio
Layout: PONS Langenscheidt GmbH, Stuttgart
Satz: digraf.pl
Druck und Bindung: Multiprint Ltd., Kostinbrod

ISBN: 978-3-12-562343-9

WILLKOMMEN IN DER WELT DER WITZE!

Sie möchten Spaß haben und dabei noch etwas lernen? Sie wollen sich amüsieren und gleichzeitig Ihr Italienisch trainieren? Möchten Sie bei italienischen Witzen mitlachen können oder bei Gelegenheit sogar selbst einmal einen Witz auf Italienisch zum Besten geben?

Dann sind Sie genau richtig bei Ihren **101 Witzen Italienisch zum Lachen & Lernen**, denn hier ist der Name Programm!

Sie finden im Buch **101 Witze** und kurze, knifflige **Wortspiele** mit Übersetzung und Erklärungen und dazu passende Übungen, die Ihnen einen humorvollen Einblick in die italienische Sprache und Kultur geben. Zusätzlich zu Witzen und Wortspielen erfahren Sie Wissenswertes und Skurriles zur Sprache sowie zu Land und Leuten – verpackt in kleine Info-Boxen.

UNTERHALTSAM LERNEN MIT CARTOONS UND ILLUSTRATIONEN

Das Ganze ist garniert mit einer Prise schwarzem Humor und jeder Menge lustiger **Illustrationen** und **Cartoons**.
So sind kurzweilige Unterhaltung und langer Lernspaß garantiert!

ERWEITERN SIE GANZ NEBENBEI IHRE SPRACHKENNTNISSE. SO FUNKTIONIERT'S:

Das Buch ist in zehn Kapitel mit verschiedenen Witzekategorien – von Tierwitzen über Wortspiele, bis hin zu Arzt- oder Schülerwitzen – aufgeteilt. Und natürlich spielen Witze immer auch mit den verschiedensten Klischees.

Jede Doppelseite im Buch besteht aus einer Witzeseite links mit Übersetzung und einer Übungsseite rechts mit **spielerischen Übungen**. Hier wird entweder ein bestimmtes Grammatikphänomen oder der Wortschatz aus dem Witz wieder aufgegriffen bzw. erweitert und kann nun geübt und gelernt werden. Dadurch frischen Sie Ihre Sprachkenntnisse wie von selbst wieder auf!

LOCKERE ÜBUNGEN VON LEICHT BIS SCHWER

Damit Sie die Sprache individuell passend zu Ihrem Lernniveau üben können, stehen Ihnen zu jedem Kapitel lockere **Übungen in drei Schwierigkeitsstufen** zur Verfügung:

★ = leicht

★★ = mittel

★★★ = schwer

LÖSUNGEN ZU DEN ÜBUNGEN AUF JEDER DOPPELSEITE

Mithilfe der **Lösungen** am Seitenrand können Sie direkt im Anschluss an jede Übung überprüfen, ob Sie richtig lagen – ohne umständliches Umblättern.

Kleiner Tipp: Übungen, in die sich noch der Fehlerteufel eingeschlichen hat, wiederholen Sie einfach zu einem späteren Zeitpunkt noch einmal. Wäre doch gelacht, wenn Sie das nicht schaffen!

Wenn Sie die Witze mit Übungen in Ihrem Lernniveau gelesen und geübt haben, können Sie sich auch steigern und schwierigere Übungen angehen.

LOS GEHT'S!

Und nun trainieren Sie sowohl Ihre Lachmuskeln als auch Ihr Italienisch mit 101 Witzen und Übungen, frei nach dem Motto:
Wer zuletzt lacht, lernt am besten!

Viel Spaß!

Ihre PONS-Redaktion

INHALT

GRAMMATIKBEGRIFFE

l'aggettivo	*Adjektiv*
l'articolo (in)determinativo	*(un)bestimmter Artikel*
l'avverbio	*Adverb*
il comparativo	*Komparativ*
il condizionale	*Konditional*
il congiuntivo	*Konjunktiv*
la frase ipotetica	*Bedingungssatz*
il futuro	*Futur*
il gerundio	*Verlaufsform*
l'imperativo	*Befehlsform*
l'imperfetto	*Imperfekt*
l'infinito	*Infinitiv*
la negazione	*Verneinung*
il participio passato	*Partizip Perfekt*
il passato prossimo	*Perfekt*
il passato remoto	*historisches Perfekt*
il passivo	*Passiv*
il plurale	*Plural / Pl.*
la preposizione	*Präposition*
il presente	*Präsens*
il pronome	*Pronomen*
il singolare	*Singular / Sg.*
il sostantivo	*Substantiv*
il superlativo	*Superlativ*
il trapassato prossimo	*Plusquamperfekt*
il verbo	*Verb*

101 WITZE & WORTSPIELE

1 DUE PULCI ★

Due pulci escono dal cinema.
Una pulce dice all'altra: "Andiamo a piedi o prendiamo un cane?".

Zwei Flöhe kommen aus dem Kino.
Ein Floh sagt zum anderen:
„Gehen wir zu Fuß oder nehmen wir einen Hund?".

2 AL CINEMA ★

Un cavallo va al cinema e chiede: "Un biglietto, per favore". Il bigliettaio stupito: "Ma Lei parla!".
E il cavallo: "Sì, ma quando entro sto zitto!".

Ein Pferd geht ins Kino und fragt: „Eine Karte, bitte".
Der Ticketverkäufer daraufhin überrascht: „Sie sprechen ja!".
Und das Pferd: „Ja, aber wenn ich hineingehe, bin ich still!".

I MEZZI DI TRASPORTO

Ordnen Sie jedem Bild das passende Verkehrsmittel zu. Wie sind Sie unterwegs?

1

2

3

4

5

6

7

8

...... **A** in nave

...... **B** in macchina

...... **C** in aereo

...... **D** in treno

...... **E** in autobus

...... **F** in tram

...... **G** in bicicletta

...... **H** a piedi

Um die Art der Fortbewegung auszudrücken, verbinden Sie **andare** mit den folgenden Präpositionen:

- **IN** ohne Artikel: **in** treno, **in** aereo, **in** nave...
- **CON** mit Artikel: **con il** treno, **con l'**aereo, **con la** nave...

Ausnahmen sind: **a** piedi, **a** cavallo.

LÖSUNG
I mezzi di trasporto: 1. D, 2. E, 3. G, 4. F, 5. C, 6. H, 7. B, 8. A

3 PRIMA L'UOVO O LA GALLINA? ★

Nella sala d'aspetto di uno studio veterinario ci sono due sedie: una è occupata da una gallina e l'altra da un uovo. Il dottore si affaccia alla porta dello studio e chiede: "Chi è arrivato prima?".

Im Wartezimmer einer Tierarztpraxis sind zwei Stühle besetzt: einer mit einer Henne und einer mit einem Ei. Der Arzt erscheint an der Zimmertür und fragt: „Wer war (denn jetzt) zuerst da?".

PRIMA O DOPO?

Was machen Sie zuerst und was danach? Verbinden Sie die Handlungen der ersten Spalte mit denen der zweiten.

	prima			dopo
1.	esco di casa	....	**A**	mi vesto
2.	sto male	....	**B**	mi addormento
3.	mi alzo	....	**C**	vado in ufficio
4.	vado a letto	....	**D**	mangio qualcosa
5.	ho fame	....	**E**	vado dal dottore

I PRONOMI INTERROGATIVI

Chi? ***(wer? wen?)*** **ist unveränderlich und fragt nach Personen im Allgemeinen. Che cosa?** ***(was?)*** **ist auch unveränderlich und fragt nach Sachen im Allgemeinen.**
Ergänzen Sie die Sätze mit den passenden Fragewörtern.

1. .... porta il cane dal veterinario?
2. .... mangi per pranzo? Una frittata o un'insalata?
3. .... ha telefonato stanotte?
4. .... è successo oggi a scuola?

Welche Eierspeise ist in Italien besonders beliebt? Natürlich die leckere **frittata**, die italienische Version des Omelettes! Das Grundrezept besteht aus leicht aufgeschlagenen Eiern, die mit Salz und Pfeffer gewürzt werden. In Italien gibt man gern auch etwas Parmesan und Gemüse wie Pilze, Tomaten, Spinat oder Zucchini dazu. Die **frittata** ist genau das Richtige, wenn man nicht viel Zeit hat. Sie wird als Hauptgericht serviert oder dient in kleinen Portionen als Häppchen zum Aperitif. Also, guten Appetit!

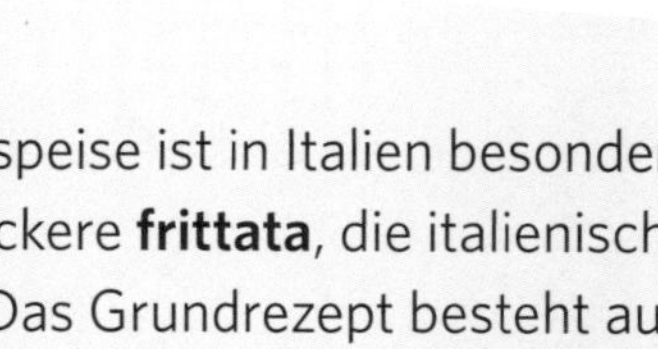

LÖSUNG
Prima o dopo?: 1. C, 2. E, 3. A, 4. B, 5. D
I pronomi interrogativi: 1. Chi, 2. Che cosa, 3. Chi, 4. Che cosa

4 CANI INTELLIGENTI ★

1 „Mein Hund ist so intelligent, dass er mir jeden Morgen die Zeitung bringt". **2** „Aber das machen ja viele!". **3** „Ja, aber ich habe gar kein Abo!".

Zeitungen werden auf Italienisch auch **quotidiani** genannt, weil sie jeden Tag erscheinen. Die drei wichtigsten italienischen Tageszeitungen sind der **Corriere della Sera** aus Mailand, **La Repubblica** aus Rom und **La Stampa** aus Turin. Bei Zeitschriften hingegen, die allgemein **riviste** heißen, unterscheidet man zwischen den wöchentlich erscheinenden **settimanali** und den einmal im Monat veröffentlichten **mensili**.

I MEDIA

Wie informieren Sie sich? Finden Sie im Buchstabengitter acht Medien.

S	Q	O	Z	F	Z	P	L	F	A	P	P
B	E	Z	L	I	B	R	I	V	N	F	G
P	C	N	Q	G	H	I	M	A	S	U	I
I	I	M	T	U	R	V	Q	C	A	P	O
N	N	O	M	D	C	I	H	U	S	E	R
T	E	L	E	V	I	S	I	O	N	E	N
E	M	U	O	D	N	T	R	K	H	P	A
R	A	P	T	R	C	E	U	L	G	H	L
N	U	V	I	R	A	D	I	O	F	U	I
E	F	M	L	U	A	O	M	A	N	R	T
T	P	U	B	B	L	I	C	I	T	À	S

TUTTE LE MATTINE

Mit der Konstruktion tutti / tutte + bestimmter Artikel und Substantiv im Plural drückt man aus, dass etwas regelmäßig geschieht. Man kann stattdessen auch ogni sagen. In diesem Fall braucht man keinen Artikel und das Wort steht im Singular. Vervollständigen Sie.

1. tutte le mattine = ogni mattina
2. tutti .... pomeriggi = ogni ....
3. tutte .... = ... sera
4. tutti .... giorni = ...

LÖSUNG
I media: waagerecht: libri, televisione, radio, pubblicità; senkrecht: internet, cinema, riviste, giornali
Tutte le mattine: 2. i, pomeriggio; 3. le sere, ogni; 4. i, ogni giorno

5 UN COCCODRILLO ★

Un cane passeggia sulla riva di un fiume. A un tratto incontra un coccodrillo, che gli dice:

E il cane:

Ein Hund spaziert am Ufer eines Flusses entlang. Da trifft er ein Krokodil, das sagt: **1** „Hallo, du Flohsack!“. Und der Hund: **2** „Hallo, du schönes Handtäschchen!“.

LA BORSETTA

Im Italienischen können bestimmte Endungen die Bedeutung eines Wortes leicht verändern:
- Vergrößerung: -one, wie il librone (*das große Buch*);
- Verkleinerung: -ino oder -etto, wie la borsetta (*das Handtäschchen*).
Einige Substantive haben die gleichen Endungen wie Verkleinerungs- oder Vergrößerungsformen, sind aber keine! Kreuzen Sie sie an.

○ **1.** il bambino

○ **2.** la casetta

○ **3.** il biglietto

○ **4.** il bottone

○ **5.** il paesino

I FIUMI D'ITALIA

Kennen Sie sich mit italienischen Flüssen aus? Welcher Fluss fließt durch folgende Städte? Verbinden Sie.

1. Torino
2. Firenze
3. Roma
4. Verona

...... **A** Adige
...... **B** Tevere
...... **C** Arno
...... **D** Po

LÖSUNG
La borsetta: 1, 3, 4
I fiumi d'Italia: 1. D, 2. C, 3. B, 4. A

6 PESCI

★★

Una domenica mattina Leonardo vede il suo amico Angelo, appassionato di pesca, e gli chiede: “Angelo, perché oggi non sei andato a pesca?”.
“Perché non avrei preso niente”.
“E come fai a saperlo?”.
“Ho letto l’oroscopo di oggi che diceva: Giornata fortunata per i pesci!”.

Eines Sonntagmorgens sieht Leonardo seinen Freund Angelo, der leidenschaftlich gern angelt, und fragt ihn: „Angelo, warum bist du heute nicht angeln gegangen?“.
„Weil ich nichts gefangen hätte“.
„Und woher weißt du das?“.
„Ich habe das heutige Horoskop gelesen, das sagte: Glückstag für Fische!“.

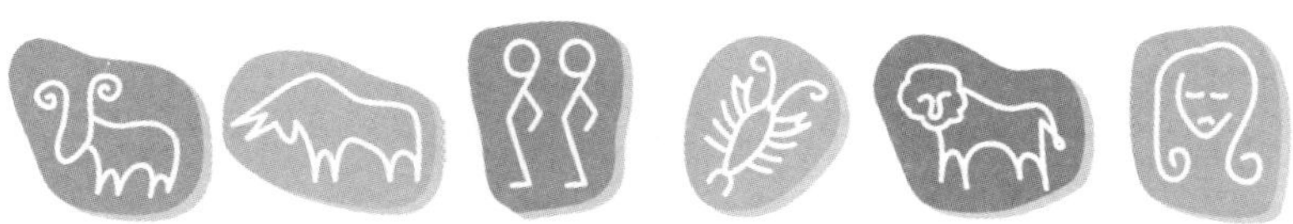

Ariete Toro Gemelli Cancro Leone Vergine

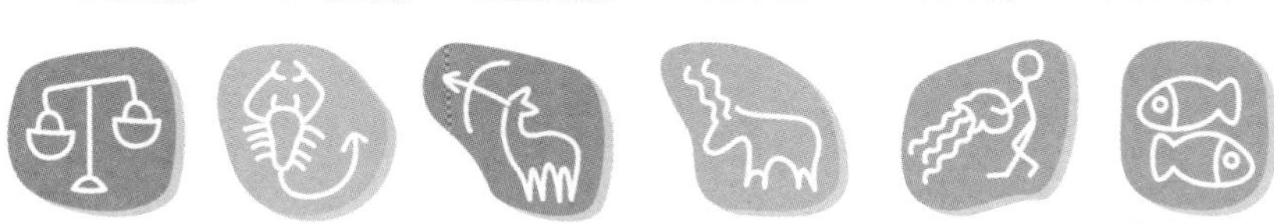

Bilancia Scorpione Sagittario Capricorno Acquario Pesci

LA DOPPIA NEGAZIONE

In unserem Horoskop-Witz kommt die doppelte Verneinung vor: „Perché non avrei preso niente“. In dieser Konstruktion verbindet sich das Adverb non mit Indefinitpronomen oder weiteren Adverbien. Lesen Sie und wählen Sie die richtige Lösung aus.

NON Verb NIENTE / NESSUNO / PIÙ / MAI

1. Di solito la mattina **non** mangio **niente** | **nessuno**.
2. Angelo **non** vuole **più** | **niente** andare a pesca.
3. Di giorno **non** guardo **nessuno** | **mai** la televisione.

I GIORNI DELLA SETTIMANA

Im Witz finden Sie einen der sieben Wochentage, und zwar „la domenica“. Kennen Sie auch die anderen? Verbinden Sie.

...... **A** sabato
...... **B** lunedì
...... **C** giovedì
...... **D** mercoledì
...... **E** venerdì
...... **F** martedì

LÖSUNG
La doppia negazione: 1. niente, 2. più, 3. mai
I giorni della settimana: 1. B, 2. F, 3. D, 4. C, 5. E, 6. A

7 UNA RAPINA ★★

Una tartaruga va alla caserma dei carabinieri:

Buongiorno, vorrei fare una denuncia![1]

Prego, mi dica.[2]

Sono stata rapinata da due lumache.[3]

E com'è successo?[4]

Non lo so. È stato tutto così veloce...[5]

Eine Schildkröte geht auf die Wache der Carabinieri:
1 „Guten Tag. Ich möchte eine Anzeige machen!". **2** „Bitte sehr" (wörtl.: *Sagen Sie mir*). **3** „Ich wurde von zwei Schnecken beraubt". **4** „Und wie ist das passiert?". **5** „Tja, ich weiß es nicht. Es ist alles so schnell gegangen ..."

Und nun zum Thema „Langsamkeit" ein beliebtes italienisches Sprichwort: **Chi va piano, va sano e va lontano** (*Eile mit Weile*). Damit kommt zum Ausdruck, dass in der Ruhe die Kraft liegt und man mit Ausdauer und Geduld seine Ziele erreicht, mit Hast und Eile hingegen nicht.

VORREI...

Die Schildkröte hat auf der Polizeiwache das Wort „vorrei" verwendet. „Vorrei" ist eine unregelmäßige Form des condizionale presente und man drückt damit einen Wunsch aus. Welche Wünsche die Person auf unserem Bild hat, finden Sie heraus, indem Sie die Sätze mit den angegebenen Verben im condizionale presente ergänzen.

Die **tartaruga** ist ein sehr langsames Tier. Aber sie ist nicht das einzige! Auf Italienisch kann man auch **lento come una lumaca** *(Schnecke)* oder **come un bradipo** *(Faultier)* sagen. Um Schnelligkeit auszudrücken, benutzt man hingegen diese Wendungen: **veloce come il vento** *(Wind)* oder **come un fulmine** *(Blitz)* oder **come un razzo** *(Rakete)*.

LÖSUNG
Vorrei...: prenderei, partirei, comprerei

8 IN FATTORIA

Il maiale vede il mulo e scoppia a ridere: “Ah, ah, che vita la tua! Ti devi alzare tutti i giorni presto e lavori dalla mattina alla sera. Ah, ah! Io invece faccio quello che voglio. Dormo, mangio e bevo tutto il giorno”.
Il mulo si gira verso di lui e dice: “Eh già, sei proprio fortunato. A proposito, sbaglio o non sei il maiale dell’anno scorso?”.

Das Schwein sieht das Maultier und bricht in Lachen aus: „Ha, ha, was hast du nur für ein Leben! Du musst jeden Tag früh aufstehen und arbeitest von morgens bis abends. Ich hingegen mache, was ich will. Ich schlafe, esse und trinke den ganzen Tag“. Das Maultier dreht sich zu ihm um und sagt: „Ja stimmt, du bist ein echter Glückspilz. Ach übrigens, irre ich mich, oder bist du gar nicht das Schwein vom letzten Jahr?“.

Kennen Sie den Kinderreim ***Old McDonald hat ne Farm***? Auf Italienisch heißt das Lied **Nella vecchia fattoria**. Fügen Sie die folgenden Rufe der Tiere auf dem Bauernhof ein!
muu, **bau**, **i-oo**, **miao**, **bee**, **coccodè**

il gatto: ...., l’asino: ...., la mucca: ....,
la gallina: ...., il cane: ...., la pecora: ....

GLI ANIMALI DELLA FATTORIA

il tacchino

il cavallo

la mucca

il coniglio

la capra

la gallina

il toro

l'oca

il gallo

il maiale

la pecora

LA VITA QUOTIDIANA

Um den Tagesablauf zu schildern, benutzt man viele reflexive Verben wie z. B. alzarsi, das aber auf Deutsch nicht reflexiv ist (*aufstehen*)! Ergänzen Sie den Tagesablauf des Bauern mit den angegebenen Verben in der 3. Person Singular im passato prossimo.

Ieri *(svegliarsi)* ………………………… all'alba, *(lavarsi)* ………………………… e *(vestirsi)* ………………………… . Poi ha lavorato tutto il giorno nella fattoria. Alla sera dopo cena *(rilassarsi)* ………………………… davanti alla tv e poi *(addormentarsi)* ………………………… presto. Che vita!

LÖSUNG
Nella vecchia fattoria: miao, i-oo, muu, coccodè, bau, bee
La vita quotidiana: si è svegliato, si è lavato, si è vestito, si è rilassato, si è addormentato

9 LA FAVOLA DI ORFEO

★★★

Orfeo si perde nella foresta ma grazie alla sua arpa incanta tutti, anche gli animali più feroci. Un giorno però arriva un leone e se lo mangia. Inorridito il coccodrillo gli chiede: "Ma non hai sentito la sua musica meravigliosa?".
E il leone, mettendosi una zampa vicino all'orecchio, grida: "COS'HAI DETTOOO?".

Orpheus verläuft sich im Wald, aber dank seiner Harfe bezaubert er alle Tiere, selbst die gefährlichsten. Eines Tages kommt jedoch ein Löwe und frisst ihn auf. Entsetzt fragt ihn das Krokodil: „Hast du denn seine wunderschöne Musik nicht gehört?". Und der Löwe brüllt mit einer Pfote am Ohr: „WAS HAST DU GESAAAGT?".

Kennen Sie den Unterschied zwischen **fiaba** und **favola**? Obwohl man die zwei Begriffe als Synonyme benutzt, beschreiben sie zwei verschiedene literarische Gattungen. Die erste dient nur der Unterhaltung, die zweite dagegen enthält immer auch eine Moral, so wie im Deutschen das Märchen und die Fabel.

IL SUPERLATIVO RELATIVO

Der Ausdruck „gli animali più feroci" enthält den relativen Superlativ, der den höchsten Grad einer Eigenschaft ausdrückt und in der Regel so gebildet wird:

Artikel + Substantiv **PIÙ** Adjektiv **DI**

Kennen Sie sich mit italienischen Rekorden aus? Ergänzen Sie die Sätze mit dem relativen Superlativ. Das vorgegebene Adjektiv steht in der männlichen Form Singular.

1. Il Po è *(fiume/lungo/Italia)* ....
2. Il Monte Bianco è *(monte/alto/Europa)* ....
3. L'Etna è *(vulcano/attivo/Europa)* ....

I 5 SENSI

Einer der fünf Sinne ist das Gehör, das der Löwe in unserem Witz ganz offensichtlich verloren hat! Kennen Sie die italienischen Begriffe? Verbinden Sie.

...... **A** vista

...... **B** tatto

...... **C** udito

...... **D** olfatto

...... **E** gusto

LÖSUNG
Il superlativo relativo: 1. il fiume più lungo d'Italia, 2. il monte più alto d'Europa, 3. il vulcano più attivo d'Europa
I 5 sensi: 1. D, 2. E, 3. B, 4. C, 5. A

10 INSONNIA

Un imprenditore soffre d'insonnia. Sua moglie gli consiglia di contare le pecore. Il giorno dopo la moglie gli chiede: "Ha funzionato il metodo delle pecore?". "Non molto", risponde l'imprenditore, "alla decima pecora ho cominciato a sbadigliare, alla ventesima mi si sono chiusi gli occhi. Alla trentesima però le pecore sono entrate in sciopero per l'orario di lavoro più corto e lo steccato più basso".

Ein Unternehmer leidet unter Schlaflosigkeit. Seine Frau rät ihm daher, Schafe zu zählen. Am Tag danach fragt ihn die Ehefrau: „Hat die Methode mit den Schafen funktioniert?". „Nicht so gut", antwortet der Unternehmer, „beim zehnten Schaf habe ich angefangen zu gähnen, beim zwanzigsten sind mir die Augen zugefallen. Beim dreißigsten aber sind die Schafe in Streik getreten für kürzere Arbeitszeiten und einen niedrigeren Bretterzaun".

la mascherina
Augenmaske

il cuscino
Kissen

il sogno
Traum

la ninnananna
Schlaflied

la sveglia
Wecker

I NUMERI ORDINALI

Haben Sie die Ordnungszahlen in dem Witz erkannt? Ordnungszahlen richten sich in Geschlecht und Zahl nach dem Substantiv. Von 1. bis 10. gibt es unregelmäßige Formen, ab 11. wird die Endung -esimo direkt an die Grundzahl angehängt. Dabei entfällt der letzte Vokal. Bei Zahlen, die auf -tré und -sei enden, bleibt der Vokal jedoch erhalten, der Akzent (é) hingegen fällt weg. Vervollständigen Sie die fehlenden Ordnungszahlen.

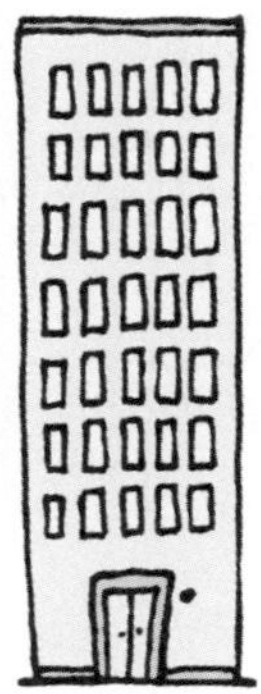

10° decimo
9° nono
8° ottavo
7° settimo
6° sesto
5° quinto
4° quarto
3° terzo
2° secondo
1° primo

1. 14° ....

2. 23° ....

3. 46° ....

4. 100° ....

CONTARE LE PECORE

Rund um das Thema „Schlafen" benutzt man auf Italienisch viele Redewendungen. Verbinden Sie die folgenden Ausdrücke mit den entsprechenden Erklärungen auf Deutsch.

1. dormire come un sasso .... **A** etwas überschlafen

2. dormire in piedi .... **B** todmüde sein

3. dormire con un occhio solo .... **C** tief und fest schlafen

4. dormirci sopra .... **D** wachsam bleiben

LÖSUNG
I numeri ordinali: 1. quattordicesimo, 2. ventitreesimo, 3. quarantaseiesimo, 4. centesimo
Contare le pecore: 1. C, 2. B, 3. D, 4. A

11 STOP ★

Il maresciallo all'appuntato:

Che bel cane, come si chiama?[1]

Stop![2]

Come mai Stop?[3]

Perché mi hanno detto che è un incrocio![4]

Der Maresciallo zum Wachtmeister: **1** „Was für ein schöner Hund! Wie heißt er?". **2** „Stop!". **3** „Wieso Stop?". **4** „Weil man mir gesagt hat, dass er eine Kreuzung ist!".

Warum werden **Carabinieri** in italienischen Witzen eigentlich so einfältig und dumm dargestellt? Vielleicht weil es früher keine strengen Aufnahmebedingungen gab und praktisch jeder auch ohne Schulabschluss ein **Carabiniere** werden konnte? Oder vielleicht, weil es in gewisser Weise menschlich ist, sich über die Ordnungsmacht lustig zu machen, die die Bußgelder verteilt, gegen die man ohnehin nichts ausrichten kann.

I SEGNALI STRADALI

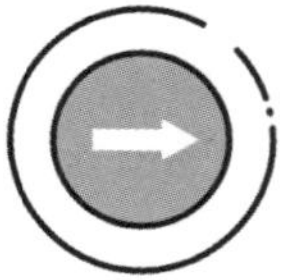

girare a destra
nach rechts abbiegen

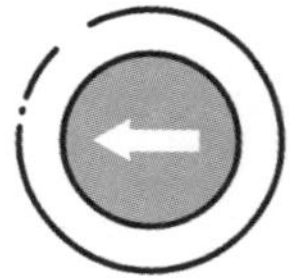

girare a sinistra
nach links abbiegen

andare dritto
geradeaus fahren

prendere la prima strada a destra
die erste Straße nach rechts abbiegen

prendere la prima strada a sinistra
die erste Straße nach links abbiegen

attraversare
überqueren

CHIEDERE INFORMAZIONI

Wollen Sie nach dem Weg fragen, dann können Sie folgende Sätze gebrauchen. Ergänzen Sie sie mit den passenden Fragewörtern.

1. Scusi, mi sa dire .... è la posta?

2. Senta, ... posso arrivare alla stazione? In bus?

3. Tra .... chilometri c'è un supermercato?

4. .... autobus devo prendere per l'aeroporto?

LÖSUNG
Chiedere informazioni: 1. dov', 2. come, 3. quanti, 4. Quale / Che

12 ESAME DEL SANGUE ★

Un carabiniere preoccupato incrocia il suo collega di stanza che gli domanda: “Perché sei così preoccupato?” e il carabiniere: “Domani ho l’esame del sangue e non ho studiato nulla!”.

Ein besorgter Carabiniere trifft seinen Zimmerkollegen, der ihn fragt: „Wieso bist du so besorgt?“, und der Carabiniere: „Morgen habe ich einen Bluttest und ich habe überhaupt nicht gelernt!“.

Im Italienischen kann **esame** ähnlich wie das deutsche Wort *Test* sowohl eine medizinische Untersuchung als auch eine Prüfung bezeichnen. Das hat der **Carabiniere** in unserem Witz durcheinandergebracht.
Vielleicht ist Ihnen auch aufgefallen, dass **studiare** nicht nur *studieren* bedeuten kann, sondern auch *lernen* im allgemeinen Sinne.

I POSSESSIVI AL SINGOLARE

In dem Witz haben Sie sicher den Possessivbegleiter „suo“ erkannt. Possessivbegleiter richten sich in Geschlecht und Zahl immer nach dem Bezugswort, auf das sie sich beziehen, und sind im Unterschied zum Deutschen meist von einem bestimmten Artikel begleitet. Ergänzen Sie die Tabelle. Achten Sie auf die Form loro: Sie ist unveränderlich!

il **mio**	la **mia**
1.	la **tua**
il **suo**	**2.** ....
3.	la **nostra**
il **vostro**	**4.** ....
il **loro**	la **loro**

LE EMOZIONI

Welche emozioni kennen Sie auf Italienisch? Verbinden Sie die Adjektive mit dem jeweils passenden Gesicht.

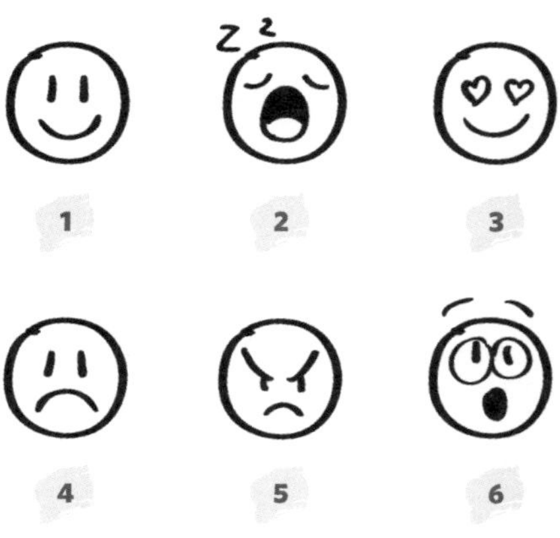

...... **A** triste

...... **B** felice

...... **C** stanco

...... **D** arrabbiato

...... **E** sorpreso

...... **F** innamorato

LÖSUNG
I possessivi al singolare: 1. il tuo, 2. la sua, 3. il nostro, 4. la vostra
Le emozioni: 1. B, 2. C, 3. F, 4. A, 5. D, 6. E

13 FURTO AL SUPERMERCATO ★

Maresciallo, c'è stato un furto al supermercato: hanno rubato mille pacchetti di sigarette e cento chili di carote.[1]

Avete dei sospetti?[2]

Sì, stiamo cercando un coniglio con la tosse.[3]

1 „Maresciallo, im Supermarkt hat es einen Diebstahl gegeben: Es sind tausend Schachteln Zigaretten und hundert Kilo Karotten gestohlen worden". **2** „Gibt es einen Verdächtigen?". **3** „Ja, wir suchen nach einem Kaninchen mit Husten".

I NUMERI DA 100

Können Sie die folgenden Zahlen schreiben? Beachten Sie: cento hat keine Pluralform und mille wird im Plural zu -mila.

1. 300 ....
2. 700 ....
3. 2.000 ....
4. 10.000 ....
5. 60.000 ....

LA VERDURA

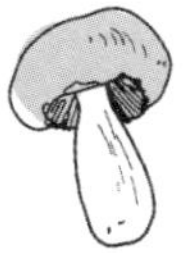

il fungo

il carciofo

la zucchina

la melanzana

il broccolo

la zucca

il peperone

il cipollotto

LE QUANTITÀ

Nach Gewichtsangaben folgt immer die Präposition di, ebenso nach Mengenangaben wie un pacchetto (*eine Schachtel*), una bottiglia (*eine Flasche*), una lattina (*eine Dose*). Lesen Sie und wählen Sie die richtige Mengenangabe aus.

1. **un chilo** | **una lattina** di peperoni
2. **una bottiglia** | **un pacchetto** di vino
3. **un litro** | **un chilo** di latte
4. **una lattina** | **un pacchetto** di birra
5. **una bottiglia** | **un chilo** di funghi

LÖSUNG
I numeri da 100: 1. trecento, 2. settecento, 3. duemila, 4. diecimila, 5. sessantamila
Le quantità: 1. un chilo, 2. una bottiglia, 3. un litro, 4. una lattina, 5. un chilo

14 INFORMAZIONI ★

Un carabiniere chiama l'ufficio informazioni dell'aeroporto: "Mi scusi, quanto tempo impiega il volo Palermo-Roma?".
La centralinista: "Un attimo...".
E il carabiniere: "Grazie!" e riattacca.

Ein Carabiniere ruft die Flughafeninformation an: „Entschuldigen Sie, wie lange dauert der Flug Palermo-Rom?". Die Telefonistin: „Einen Moment ...". Und der Carabiniere: „Danke!" und legt auf.

telefonare
telefonieren

chiamare
anrufen

riattaccare
auflegen

squillare
klingeln

ricaricare
aufladen

rispondere
sich melden

LE PREPOSIZIONI "DI" E "A" + ARTICOLO

Die Präpositionen di und a verschmelzen mit dem bestimmten Artikel zu einem Wort. Sehen Sie sich die vorgegebenen Formen an und ergänzen Sie die fehlenden in den dafür vorgesehenen Lücken.

			di	a
di / a	+	il	del	al
		lo	1.	allo
		l'	dell'	2. ....
		la	3.	alla
		i	dei	4. ....
		gli	5.	agli
		le	delle	6. ....

IN AEROPORTO

Was ist hier dargestellt? Verbinden Sie.

1

2

3

4

5

6
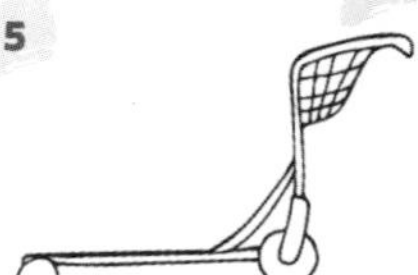

...... **A** il posto
...... **B** il carrello
...... **C** la cintura
...... **D** il volo
...... **E** la valigia
...... **F** il documento

LÖSUNG
Le preposizioni "di" e "a" + articolo: 1. dello, 2. all', 3. della, 4. ai, 5. degli, 6. alle
In aeroporto: 1. E, 2. A, 3. D, 4. C, 5. F, 6. B

15 IL NUMERO DI TARGA ★★

Un carabiniere corre dal comandante tutto sconvolto:

Comandante, comandante! Ci hanno rubato la macchina![1]

Avete visto chi è stato?[2]

No, però abbiamo preso il numero di targa![3]

Ein völlig aufgewühlter Carabiniere rennt zum Kommandanten: **1** „Kommandant, Kommandant, man hat uns das Auto gestohlen!". **2** „Habt ihr gesehen, wer es gewesen ist?". **3** „Nein, aber wir haben das Kennzeichen notiert!".

il volante
Lenkrad

la portiera
Autotür

la ruota
Rad

il freno
Bremse

il sedile
Sitz

la targa
Nummernschild

IL PASSATO PROSSIMO

Die Ereignisse, die in dem Witz beschrieben werden, liegen in der unmittelbaren Vergangenheit. Der Carabiniere und der Kommandant benutzen daher in ihren Berichten das passato prossimo, das dem deutschen Perfekt entspricht und aus zwei Elementen besteht: Hilfsverb (avere oder essere) + Partizip Perfekt.

	avere	regelmäßige Partizipien	
io	**ho**		
tu	**hai**		
lui, lei, Lei	**ha**	compr**ato**	**-are**
noi	**abbiamo**	ricev**uto**	**-ere**
voi	**avete**	dorm**ito**	**-ire**
loro	**hanno**		

Mit **avere** bleibt das Partizip unverändert.

	essere	regelmäßige Partizipien
io	**sono**	
tu	**sei**	andat**o / -a**
lui, lei, Lei	**è**	
noi	**siamo**	
voi	**siete**	andat**i / -e**
loro	**sono**	

Mit **essere** wird das Partizip an das Subjekt angeglichen.

Ergänzen Sie die Sätze mit den Formen des passato prossimo.

Ieri un carabiniere *(uscire)* .... di casa presto ed *(andare)* .... in caserma. Lì *(incontrare)* .... il suo comandante, che gli *(raccontare)* .... una barzelletta sui carabinieri!

LÖSUNG
Il passato prossimo: è uscito, è andato, ha incontrato, ha raccontato

16 CANE DI PELUCHE ★★

Un carabiniere a un posto di blocco: “Non lo sa, signora, che non si possono portare cani in auto?”. “Ma è di peluche!”. “Guardi che non le ho chiesto la razza!”.

Ein Carabiniere bei einer Verkehrskontrolle: „Wissen Sie nicht, dass man Hunde nicht im Auto mitnehmen darf?“. „Aber der ist (doch) aus Plüsch!“. „Ich habe Sie nicht nach der Rasse gefragt!“.

la coda
Schwanz

la zampa
Pfote

il pelo
(Tier)haar

scodinzolare
wedeln

abbaiare
bellen

IL VERBO "POTERE"

Das Modalverb potere bedeutet sowohl *können* als auch *dürfen* und drückt eine Möglichkeit oder eine Erlaubnis aus. Wird potere verneint, bedeutet es *nicht dürfen*, wie in dem Witz: „non si possono portare cani in auto". Ergänzen Sie die Sätze mit den Präsensformen von potere.

1. Stasera devo lavorare, non .... uscire.
2. In questo locale non si .... fumare.
3. Ecco le chiavi, ... prendere la mia macchina, ma vai piano!

I MATERIALI

Die Präposition di dient nicht nur zur Angabe der Menge, sondern auch zur Angabe des Materials, wie bei „di peluche". Ergänzen Sie die Sätze mit di + Material.

carta

legno

vetro

metallo

plastica

oro

1. È ....

2. È ....

3. È ....

4. È ....

5. È ....

6. È ....

LÖSUNG
Il verbo "potere": 1. posso, 2. può, 3. puoi
I materiali: 1. di legno, 2. di vetro, 3. di metallo, 4. di carta, 5. d'oro, 6. di plastica

17 LA LUCE ★★

Il maresciallo ordina: "Appuntato, appuntato, accenda la luce!". Il carabiniere obbedisce, ma continua a premere l'interruttore.
Il maresciallo gli chiede: "Ma cosa sta facendo?!?".
E lui: "Maresciallo... c'è scritto 220 volt!".

Der Maresciallo befiehlt: „Wachtmeister, schalten Sie das Licht ein!". Der Carabiniere gehorcht, drückt aber immer weiter auf den Schalter. Der Maresciallo fragt ihn: „Aber was machen Sie denn da?!?". Und er: „Maresciallo ... hier steht 220 Volt!".

Um diesen Witz zu verstehen, muss man wissen, dass die Maßeinheit für elektrische Spannung **volt** ähnlich klingt wie das Wort **volte**. Das ist die Pluralform von **volta**, was auf Italienisch *Mal* bedeutet. Der **Carabiniere** denkt also, er müsse den Schalter 220 Mal drücken! Die armen **Carabinieri** sind in italienischen Witzen wahrlich keine großen Leuchten!

COSA STA FACENDO?

Die Verlaufsform stare + gerundio wird verwendet um zu beschreiben, was man gerade macht. Sehen Sie sich die Bilder an und schreiben Sie, was die Personen gerade tun.

1

2

3

4

Das **gerundio** wird vom Infinitiv so abgeleitet:
vol**are** > vol**ando**
cad**ere** > cad**endo**
part**ire** > part**endo**

Beachten Sie:
fare > **facendo**
dire > **dicendo**

1. Matteo ....
2. Simona .... un gelato.
3. Giacomo .... un libro.
4. Giovanni si .... i denti.

Wissen Sie, welche Polizeiuniform am elegantesten ist? Nach einer Umfrage der Süddeutschen Zeitung haben die **Carabinieri** die drittschönste Uniform der Welt. Die Österreicher stehen an erster Stelle, die Franzosen an zweiter.

LÖSUNG
Cosa sta facendo?: 1. sta dormendo, 2. sta mangiando, 3. sta leggendo, 4. sta lavando

18 UN LIBRO ★★

Un carabiniere dice a un collega:

In libreria ho trovato un libro molto interessante![1]

E come si intitola?[2]

“Come risolvere il 50% dei tuoi problemi”.[3]

E l’hai comprato?[4]

Certo, ne ho presi due![5]

Ein Carabiniere sagt zu einem Kollegen:
1 „In der Buchhandlung habe ich ein sehr interessantes Buch gefunden!“. **2** „Wie lautet der Titel?“. **3** „Wie du 50% deiner Probleme löst“. **4** „Und hast du es gekauft?“. **5** „Klar, ich habe zwei davon gekauft!“.

Das Wort **libreria** kann übrigens sowohl *Buchhandlung* als auch *Bücherregal* bedeuten.

IL PRONOME "NE"

In libreria ho trovato un **libro** molto interessante!

Certo, **ne** ho presi due!

Das Pronominaladverb ne bezieht sich auf zuvor genannte Sachen (hier: libri) und bezeichnet eine Teilmenge davon. Ergänzen Sie die Sätze, indem Sie das Pronominaladverb ne benutzen und die jeweils korrekte Mengenangabe auswählen.

chilo — tazzina — fetta

1. Buona questa torta, ... prendo un'altra ....
2. Non ci sono più patate. .... compro un ...., ok?
3. C'è ancora del caffè? .... vorrei ancora una ....

I LIBRI

Was heißt auf Italienisch *Umschlag*? Finden Sie es heraus, indem Sie die Wörter zum Thema „Buch" in den Zeilen ergänzen.

		R	A		C	O	N	T	O	
P	E	R	S		N	A	G	G	I	O
					O	E	S	I	A	
			L		T	T	O	R	E	
G	E	N	E		E					
S	C	R	I		T	O	R	E		
			T		T	O	L	O		
R	O	M	A		Z	O				
		T	R		M	A				

LÖSUNG
Il pronome "ne": 1. ne, fetta; 2. Ne, chilo; 3. Ne, tazzina
I libri: COPERTINA

19 LA SCATOLA NERA ★★

Un elicottero precipita e muoiono due carabinieri.
Dalla scatola nera sembra che le ultime parole siano state: "Appuntato, vogliamo spegnere questo ventilatore? Qui c'è troppo vento!".

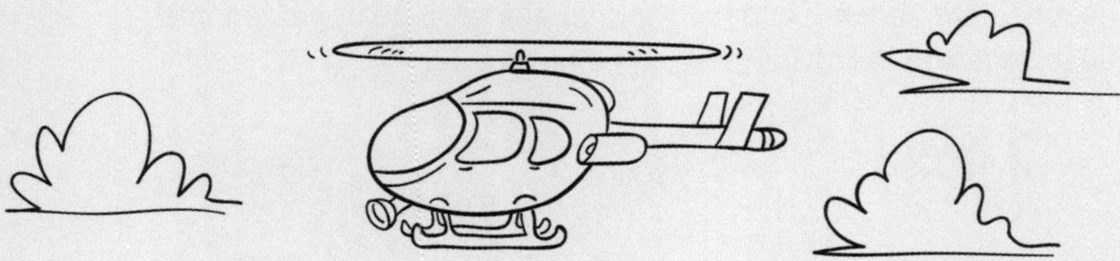

Ein Hubschrauber der Carabinieri stürzt ab und zwei Carabinieri kommen dabei um. Laut Flugschreiber waren die letzten Worte wohl: „Wachtmeister, wollen wir diesen Ventilator da ausschalten? Hier zieht's!".

l'aria condizionata
Klimanlage

il ventilatore
Ventilator

il riscaldamento
Heizung

il termosifone
Heizkörper

la stufa
Ofen

CHE TEMPO FA?

Wie ist das Wetter? Verbinden Sie.

...... **A** fa bello

...... **B** fa freddo

...... **C** fa caldo

...... **D** piove

...... **E** c'è vento

...... **F** nevica

...... **G** è nuvoloso

I VERBI IMPERSONALI

Die unpersönlichen Verben haben wie im Deutschen kein bestimmtes Subjekt und stehen in der 3. Person Singular. Im Deutschen werden diese Verben von „es“ begleitet, im Italienischen hingegen benutzt man sie ohne Pronomen. Ergänzen Sie die Sätze mit den vorgegebenen unpersönlichen Verben, die schon in der 3. Person Singular stehen.

1. Che bel sole! .... di essere in paradiso!

2. Che cosa ....? Perché piangi?

3. La strada è ghiacciata, ... fare molta attenzione.

4. Piove molto, ma .... prendere l'ombrello e puoi uscire!

bisogna | succede | basta | sembra

LÖSUNG
Che tempo fa?: 1. F, 2. G, 3. E, 4. A, 5. D, 6. B, 7. C
I verbi impersonali: 1. Sembra, 2. succede, 3. bisogna, 4. basta

20 ALL'ANAGRAFE

★★★

Un carabiniere va all'anagrafe e chiede:

Buongiorno, vorrei cambiare il mio nome, è possibile?[1]

Non è così semplice... Lei come si chiama?[2]

Mi chiamo Pietro Morte.[3]

Beh, in effetti è un po'... Comunque, sarà il giudice a decidere.[4]

Dopo un mese, il carabiniere va dal giudice che gli dice:

Allora, abbiamo accettato la sua domanda. Mi ripete il suo nome?[5]

Pietro Morte.[6]

E come vorrebbe chiamarsi?[7]

Alberto Morte.[8]

Ein Carabiniere geht zum Standesamt und fragt: **1** „Guten Morgen, ich möchte meinen Namen ändern, ist das möglich?". **2** „So einfach ist das nicht ... Wie heißen Sie?". **3** „Ich heiße Peter Tod". **4** „Na ja, der ist tatsächlich ein bisschen ... Jedenfalls wird der Richter entscheiden". Nach einem Monat geht der Carabiniere zum Richter, der ihm sagt: **5** „Also, wir haben Ihre Anfrage angenommen. Wie heißen Sie nochmal?". **6** „Peter Tod". **7** „Und wie möchten Sie heißen?". **8** „Albert Tod".

IL FUTURO

Das futuro semplice entspricht dem deutschen Futur I und dient zur Beschreibung von Plänen oder Ereignissen in der Zukunft. Sehen Sie hier einige unregelmäßige Formen und ergänzen Sie die Vorhersagen mit der Du-Form im futuro semplice.

andare	→	an**dr**ò
avere	→	a**vr**ò
dovere	→	do**vr**ò
potere	→	po**tr**ò
bere	→	be**rr**ò
venire	→	ve**rr**ò
dare	→	**darò**
fare	→	**farò**
essere	→	**sarò**

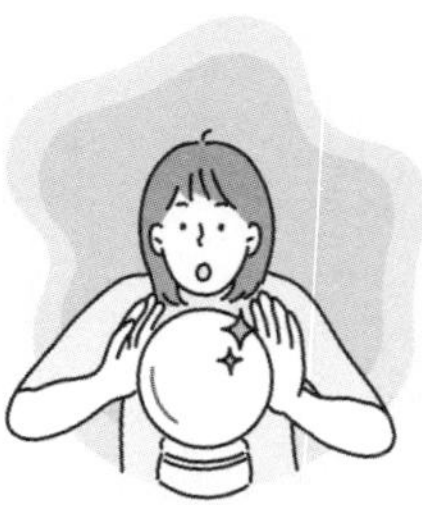

(avere) .... una vita lunga e *(essere)* .... molto felice. Dopo la laurea *(andare)* .... all'estero e *(conoscere)* .... tante persone interessanti. *(trovare)* .... un buon lavoro e *(diventare)* .... ricca!

LA CARTA D'IDENTITÀ

il nome
Vorname

il cognome
Familienname

la residenza
Wohnort

il luogo di nascita
Geburtsort

la data di nascita
Geburtsdatum

la professione
Beruf

la nazionalità
Staatsbürgerschaft

lo stato civile
Familienstand

LÖSUNG
Il futuro: Avrai, sarai, andrai, conoscerai, Troverai, diventerai

21 SIGNOR CARAVAGGIO

★★★

A un posto di blocco un carabiniere ferma un automobilista sospetto: "Documenti, per favore!". L'uomo tira fuori una banconota da centomila lire, gliela porge e gli fa l'occhiolino. Il carabiniere guarda la banconota, guarda l'uomo, poi la riguarda e infine gliela restituisce. Il carabiniere: "È tutto a posto, vada pure, signor Caravaggio!".

An einer Verkehrskontrolle hält ein Carabiniere einen verdächtigen Autofahrer an: „Ausweis und Fahrzeugpapiere, bitte!". Der Mann holt einen 100.000-Lire-Schein heraus, reicht ihn ihm und zwinkert ihm zu. Der Carabiniere schaut erst den Geldschein, dann den Mann an, dann schaut er wieder auf den Geldschein und gibt ihn zurück ... Der Carabiniere: „Alles in Ordnung, fahren Sie nur, Herr Caravaggio!".

Als die Lira noch die italienische Währung war, schmückte den 100.000-Lire-Schein das aufgedruckte Bild des berühmten Malers Michelangelo Merisi da Caravaggio – kurz Caravaggio (1571–1610). Die Summe würde heutzutage in etwa 50 Euro entsprechen.

PRONOMI COMBINATI

Die unbetonten Pronomen können auch miteinander verbunden werden. Anders als im Deutschen steht das indirekte Pronomen an erster und das direkte Pronomen an zweiter Stelle. Ergänzen Sie die Sätze unten mithilfe dieser Tabelle.

	lo	**la**	**li**	**le**	**ne**
mi	me lo	me la	me li	me le	me ne
ti	te lo	te la	te li	te le	te ne
gli, le, Le	glielo	gliela	glieli	gliele	gliene
ci	ce lo	ce la	ce li	ce le	ce ne
vi	ve lo	ve la	ve li	ve le	ve ne
gli	glielo	gliela	glieli	gliele	gliene

1. Scrivo un messaggio a Gianni, ma .... mando stasera.

2. Ho comprato un nuovo divano. .... consegnano domani.

3. Ti piacciono le mie scarpe? Se vuoi .... presto.

4. Volete dell'altro caffè? .... preparo subito un altro.

IN BANCA

il bancomat
EC-Automat

la carta di credito
Kreditkarte

il conto
Girokonto

gli interessi
Zinsen

l'investimento
Investition

il prestito
Darlehen

il bonifico
Überweisung

LÖSUNG
Pronomi combinati: 1. glielo, 2. Me lo, 3. te le, 4. Ve ne

22 CENA SULLA LUNA ★

Due astronauti cenano in un ristorante sulla luna.

Zwei Astronauten essen zu Abend in einem Restaurant auf dem Mond. **1** „Ist das nicht erstaunlich? Wir essen in einem Restaurant auf dem Mond!". **2** „Ja, es ist schön, das Essen ist gut, aber es fehlt die Atmosphäre ...".

bere
trinken

mangiare
essen

fare colazione
frühstücken

pranzare
zu Mittag essen

cenare
zu Abend essen

I PASTI IN ITALIA

Lesen Sie die Sätze und wählen Sie die passende Mahlzeit aus.

1. Mangio velocemente un panino davanti al computer. .... **A** la colazione

2. Faccio una pausa con un po' di frutta fresca. .... **B** il pranzo

3. Io e mio marito mangiamo un piatto di pasta e dell'insalata. .... **C** la merenda

4. Bevo solo un caffè e poi esco. .... **D** la cena

C'È / CI SONO

Einer der beiden Astronauten sagt: „Non c'è atmosfera...". Die Ausdrücke c'è und ci sono entsprechen dem deutschen ***es gibt*** **und werden so gebildet:**

c'è	**+ Substantiv im Singular**
ci sono	**+ Substantiv im Plural**

Ergänzen Sie die Sätze mit c'è oder ci sono.

1. In questo ristorante non .... tavoli liberi.

2. Che cosa .... oggi come piatto del giorno?

3. In questa pizzeria .... sempre molta gente.

4. Sul menu .... troppi piatti, non so quale ordinare!

LÖSUNG
I pasti in Italia: 1. B, 2. C, 3. D, 4. A
C'è / Ci sono: 1. ci sono, 2. c'è, 3. c'è, 4. ci sono

23 DIETA ★

Mia moglie vuole dimagrire e quindi va sempre a cavallo![1]

E i risultati?[2]

Beh, il cavallo ha perso dieci chili![3]

1 „Meine Frau will abnehmen, deshalb geht sie immer reiten!“.
2 „Und mit welchem Ergebnis?“.
3 „Na ja, das Pferd hat zehn Kilo verloren!“.

24 I VEGETARIANI ★

Perché i vegetariani non giocano a scacchi?
Perché non amano mangiare il cavallo.

Warum spielen Vegetarier nicht Schach?
Weil sie sich das Pferd nicht gerne einverleiben.

Im italienischen Schachjargon werden die gegnerischen Figuren, die man schlägt, „aufgegessen“.

IL VERBO "VOLERE"

Dem Modalverb volere folgt ein Substantiv oder ein Verb im Infinitiv, und man drückt damit einen Wunsch oder eine Absicht aus: „Mia moglie vuole dimagrire". Ergänzen Sie die Sätze mit den Präsensformen von volere.

io	**voglio**
tu	**vuoi**
lui, lei, Lei	**vuole**
noi	**vogliamo**
voi	**volete**
loro	**vogliono**

1. Stasera i miei genitori .... andare in pizzeria.
2. Signora, ... ordinare un dessert?
3. Lorenzo, ... qualcosa da bere? Un caffè? Un tè?
4. Sono troppo stanca, ... andare in vacanza!

LESSICO CULINARIO

Kleiner kulinarischer Wortschatz. Ordnen Sie jedem Bild das passende Wort zu.

...... **A** la pasta

...... **B** il pesce

...... **C** la carne

...... **D** l'insalata

...... **E** il formaggio

...... **F** il risotto

...... **G** la pizza

LÖSUNG
Il verbo "volere": 1. vogliono, 2. vuole, 3. vuoi, 4. voglio
Lessico culinario: 1. G, 2. A, 3. D, 4. B, 5. C, 6. E, 7. F

25 PER CASO ★

Signora, come ha trovato il nostro filetto?[1]

Per caso, sotto una foglia d'insalata...[2]

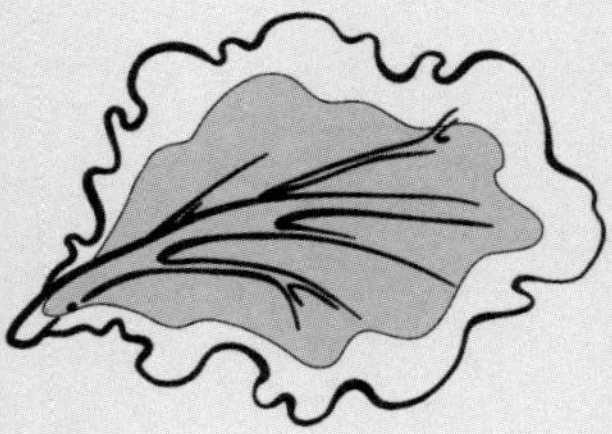

1 „Wie fanden Sie unser Filet?".
2 „Ganz zufällig, unter einem Salatblatt ...".

26 LA SUOLA ★

Cameriere! Questa bistecca è una suola![1]

Perché, per cinque euro voleva tutta la scarpa?[2]

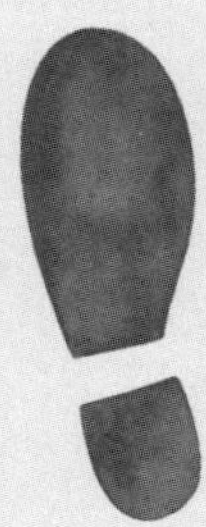

1 „Kellner! Dieses Steak ist eine Schuhsohle!". **2** „Warum, wollten Sie für fünf Euro etwa den ganzen Schuh?".

CHI DICE COSA?

Wer sagt was? Kreuzen Sie an.

	CLIENTE	CAMERIERE
1. Vorrei prenotare un tavolo per due.	●	●
2. Cosa desidera per secondo?	●	●
3. Ecco il menu, signora.	●	●
4. Il conto per favore.	●	●
5. Prendo il risotto ai funghi.	●	●
6. Cosa le porto da bere?	●	●
7. Mi può portare un altro bicchiere di vino?	●	●

QUESTA BISTECCA È UNA SUOLA!

Das Demonstrativadjektiv questo wird verwendet, um auf Personen und Sachen zu verweisen, die in der Nähe des Sprechers sind. Sehen Sie sich die vier verschiedenen Formen an und ergänzen Sie die Beschwerden.

1. Ma .... pizza è fredda!

2. Cameriere, ... birre sono calde!

3. In .... ristorante si mangia male!

4. .... spaghetti sono senza sale!

LÖSUNG
Chi dice cosa?: cliente: 1, 4, 5, 7; cameriere: 2, 3, 6
Questa bistecca è una suola!: 1. questa, 2. queste, 3. questo, 4. Questi

27 LE CALORIE ★★

Ieri ho bruciato 4000 calorie![1]

Davvero? Sei andato a correre?[2]

No, ho dimenticato la parmigiana dentro al forno![3]

1 „Gestern habe ich 4000 Kalorien verbrannt!". **2** „Wirklich? Warst du joggen?". **3** „Nein, ich habe die Parmigiana im Ofen vergessen!".

Sie ist ein Klassiker der Mittelmeerküche, braucht nur wenige Zutaten, hat aber sehr viel Geschmack: Die **Parmigiana**. Sie wird aus Tomaten, Auberginen, Basilikum und Käse zubereitet, hat aber trotz des ähnlichen Namens gar nichts mit Parmesankäse zu tun. Laut Originalrezept sollen die Auberginenscheiben frittiert werden, bevor sie in die Auflaufform kommen - kalorienarm ist das Gericht wirklich nicht!

ESSERE O AVERE?

Der Gebrauch von avere und essere als Hilfsverben entspricht meist dem Gebrauch der Hilfsverben im Deutschen: avere wird in Verbindung mit allen transitiven und einigen intransitiven Verben benutzt; essere mit vielen intransitiven Verben und den meisten Verben, die eine Bewegung, einen Zustand oder Zustandswechsel ausdrücken. Ergänzen Sie die Sätze mit den richtigen Formen des passato prossimo.

Ieri mia mamma *(preparare)* .... una torta e poi *(andare)* .... a fare la doccia. Quando *(tornare)* .... in cucina, *(guardare)* .... nel forno: la sua torta era tutta bruciata!

IN CUCINA

Was gibt es in der Küche? Ordnen Sie jedem Gerät das passende Wort zu.

...... **A** il frigorifero

...... **B** i fornelli

...... **C** la macchina del caffè

...... **D** il tostapane

...... **E** il microonde

...... **F** la lavastoviglie

...... **G** il frullatore

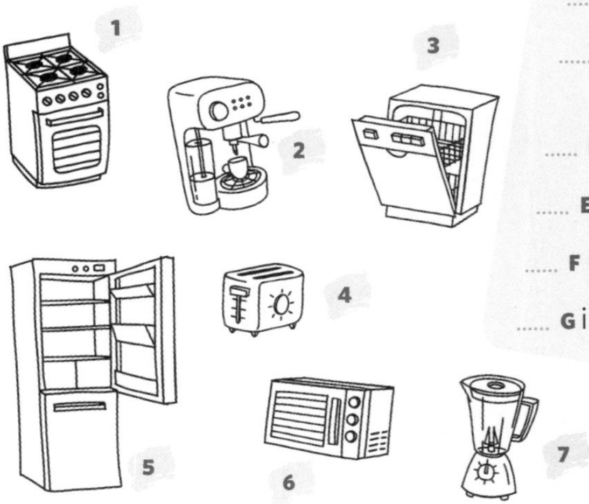

LÖSUNG
Essere o avere?: ha preparato, è andata, è tornata, ha guardato
In cucina: 1. B, 2. C, 3. F, 4. D, 5. A, 6. E, 7. G

28 UN LUNGO MATRIMONIO ★★

„Il segreto del mio lungo matrimonio? Andiamo al ristorante due volte alla settimana. Ceniamo a lume di candela, musica romantica e qualche passo di danza... Lei ci va il martedì e io il venerdì."

„Das Geheimnis meiner langen Ehe? Wir gehen zweimal pro Woche ins Restaurant. Wir essen bei Kerzenlicht zu Abend, (es gibt) romantische Musik und ein paar Tanzschritte ... Sie geht dienstags (hin) und ich freitags."

il piatto
Teller

il bicchiere
Glas

il coltello
Messer

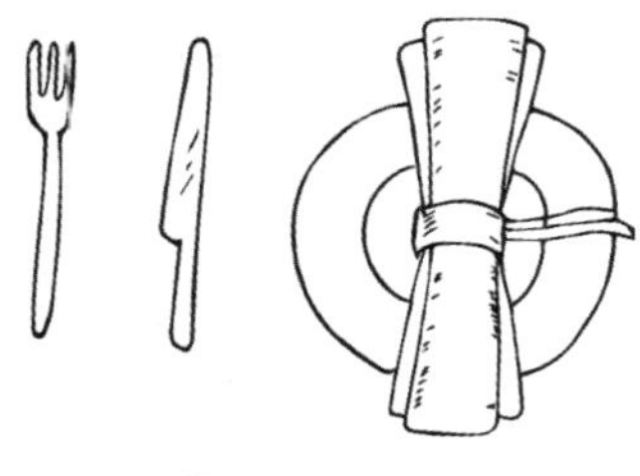

il tovagliolo
Serviette

la forchetta
Gabel

la tovaglia
Tischdecke

il cucchiaio
Löffel

IL TEMPO LIBERO

Was macht man in der Freizeit? Ordnen Sie jedem Bild die passende Freizeitaktivität zu.

- ...... **A** fare ginnastica
- ...... **B** leggere un libro
- ...... **C** andare al cinema
- ...... **D** suonare
- ...... **E** ascoltare la musica
- ...... **F** dipingere
- ...... **G** navigare su Internet
- ...... **H** andare a teatro
- ...... **I** fare giardinaggio

LEI CI VA IL MARTEDÌ

Das Pronominaladverb ci bezieht sich auf zuvor genannte Orts- oder Richtungsangaben und bedeutet *dort / dorthin*.

Quando vai <u>al ristorante</u>?

<u>Ci</u> vado il venerdì.

Unterstreichen Sie die Orts- oder Richtungsangabe. Beantworten Sie dann die Frage, indem Sie ci verwenden.

1. Stasera vai al cinema? – No, non ....
2. Andate ora al bar? – .... dopo la riunione.
3. Sei mai stato in Italia? – Sì, ... due anni fa.

LÖSUNG

Il tempo libero: 1. E, 2. A, 3. I, 4. B, 5. D, 6. G, 7. C, 8. H, 9. F

Lei ci va il martedì: 1. <u>al cinema</u>, ci vado; 2. <u>al bar</u>, Ci andiamo; 3. <u>in Italia</u>, ci sono stato

29 È PRONTO? ★★

Il marito torna a casa:

Non è possibile! Il pranzo non è ancora pronto! Vado al ristorante![1]

La moglie: Aspetta, caro, solo due minuti.[2]

È quasi pronto?[3]

No, vengo con te al ristorante![4]

Der Ehemann kommt nach Hause: **1** „Das ist doch nicht wahr! Das Mittagessen ist noch nicht fertig! Dann gehe ich ins Restaurant!". Die Ehefrau: **2** „Warte, mein Lieber, nur zwei Minuten". **3** „Ist es denn fast fertig?". **4** „Nein, ich gehe mit dir ins Restaurant!".

Das Wort **pronto** bedeutet *fertig / bereit*. Wenn man angerufen wird, meldet man sich am Telefon in Italien mit: "**Pronto, chi parla?**".

IMPERATIVO INFORMALE

Der Witz enthält eine Imperativform der 2. Person Singular: „Aspetta". Lesen Sie, wie der Imperativ gebildet wird, und ergänzen Sie dann die Befehle.

Infinitiv auf		Imperativ | Du-Form
-are	→	-a
-ere	→	-i
-ire	→	-i

verneinte Form

non + **Infinitiv**

1. *(mangiare)* .... tutta la zuppa!
2. *(prendere)* .... il dolce!
3. *(non parlare)* .... mentre mangi!
4. *(aprire)* .... il forno!

IL MENU

Was für ein Gericht ist das? Kreuzen Sie an.

	PRIMO	SECONDO	CONTORNO	DOLCE
1. insalata mista				
2. bistecca di maiale				
3. lasagne				
4. tiramisù				
5. risotto ai funghi				
6. patatine fritte				

LÖSUNG
Imperativo informale: 1. Mangia, 2. Prendi, 3. Non parlare, 4. Apri
Il menu: 1. contorno, 2. secondo, 3. primo, 4. dolce, 5. primo, 6. contorno

30 SPAGHETTI AL SUGO

★★

In un ristorante arriva un cliente e chiede gentilmente al cameriere: “Può portarmi degli spaghetti al sugo?”.
E il cameriere: “Certo!”.
Dopo un po’ il cameriere arriva con gli spaghetti, ma il cliente si lamenta: “Guardi, c’è un capello negli spaghetti!”.
E il cameriere: “Ma come? È impossibile! Sono fatti con i pelati!”.

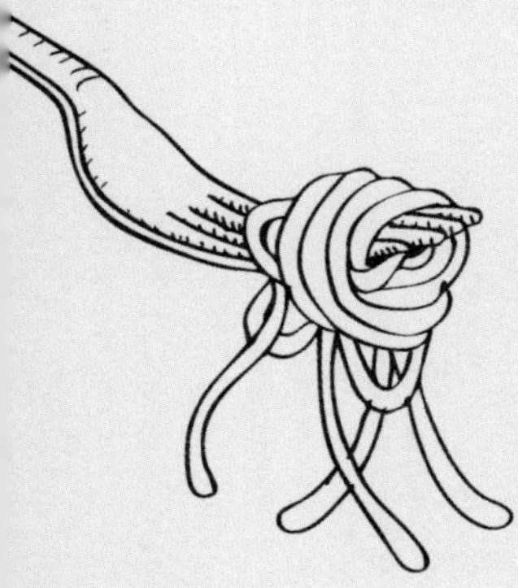

Ein Gast kommt in ein Restaurant und fragt den Kellner: „Können Sie mir bitte Spaghetti mit Tomatensoße bringen?“. Der Kellner: „Sicher!“. Nach einer Weile kommt der Kellner mit den Spaghetti, aber der Gast beschwert sich: „Schauen Sie, da ist ein Haar in den Spaghetti!“. Und der Kellner: „Wie bitte? Das ist unmöglich! Sie sind mit geschälten Tomaten (=Kahlköpfigen) gemacht!“.

Der Witz spielt mit den beiden Bedeutungen des Wortes **pelati**: Das können geschälte Tomaten sein, also Tomaten „ohne Haut“, oder kahlköpfige Menschen, also Menschen „ohne Haare“!

I TIPI DI PASTA

Einen piatto di pasta zu bestellen ist gar nicht so einfach: Es gibt so viele Formen und Sorten! Ordnen Sie jedem Bild den passenden Nudelnamen zu.

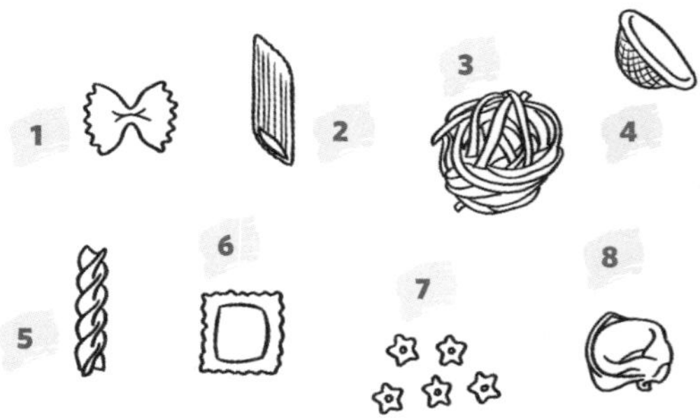

...... **A** fettuccine

...... **B** fusilli

...... **C** penne

...... **D** tortellini

...... **E** orecchiette

...... **F** farfalle

...... **G** ravioli

...... **H** stelline

GLI AVVERBI IN -MENTE

Man kann aus einem Adjektiv ein Adverb bilden, indem man an die weibliche Singularform -mente anhängt. Bei Adjektiven auf -e bleibt die Endung erhalten. Bei Adjektiven auf -le und -re entfällt das e vor -mente.

Adjektiv		Adverb
lento	→	lentamente
veloce	→	velocemente
gentile	→	gentilmente

Bilden Sie aus den Adjektiven Adverbien.

1. Mangi *(regolare)* .... frutta e verdura?
2. Mi può *(cortese)* .... portare il menu?
3. Questo è *(sicuro)* .... il ristorante più caro della città!

LÖSUNG
I tipi di pasta: 1. F, 2. C, 3. A, 4. E, 5. B, 6. G, 7. H, 8. D
Gli avverbi in -mente: 1. regolarmente, 2. cortesemente, 3. sicuramente

31 SOTTO AL TAVOLO ★★

Una coppia è al ristorante. A un tratto l'uomo si nasconde sotto al tavolo.
Un cameriere si avvicina alla donna e le dice: "Mi scusi signora, suo marito è caduto sotto al tavolo...".
"No, si sbaglia", risponde la signora, "mio marito è appena entrato nel ristorante!".

Ein Paar ist im Restaurant. Plötzlich versteckt sich der Mann unter dem Tisch. Ein Kellner nähert sich der Frau und sagt: „Entschuldigen Sie, Ihr Mann ist unter den Tisch gefallen ...". „Nein, Sie irren sich", antwortet die Dame, „mein Mann ist gerade ins Restaurant hereingekommen!".

ordinare
bestellen

cucinare
kochen

apparecchiare
den Tisch decken

servire
auftragen

sparecchiare
den Tisch abräumen

SOTTO AL TAVOLO

Schauen Sie, wo die Katze im Vergleich zum Karton ist und schreiben Sie die vorgegebenen Präpositionen des Ortes auf die Etiketten.

dietro accanto davanti sotto tra dentro sopra

1. ....

2. ....

3. ....

4. ....

5. ....

6. ....

7. ....

POSSESSIVI CON NOMI DI PARENTELA

Ist Ihnen aufgefallen, dass im Witz bei „suo marito" kein Artikel steht? Das liegt daran, dass man in Verbindung mit Verwandtschaftsbezeichnungen die Possessivbegleiter ohne Artikel verwendet. Das gilt allerdings nur im Singular und nicht bei loro. Unterstreichen Sie die korrekten Formen.

1. Cameriere, aspetto **mia** | **la mia** moglie prima di ordinare.
2. Quando hai invitato **i tuoi** | **tuoi** genitori a cena?
3. Lo sai che **il loro** | **loro** figlio lavora in questo bar?
4. Che bravi! **I vostri** | **Vostri** nipoti hanno cucinato un dolce!

LÖSUNG

Sotto al tavolo: 1. sopra, 2. dietro, 3. dentro, 4. sotto, 5. davanti, 6. tra, 7. accanto

Possessivi con nomi di parentela: 1. mia, 2. i tuoi, 3. il loro, 4. I vostri

32 IL TATUAGGIO ★★★

Carlo telefona a un amico:

Allora, Gianni come va la dieta?[1]

Bene! Ti ricordi quel tatuaggio che avevo sul torace?[2]

Certo, era un'aquila![3]

Beh! Adesso è diventata un colibrì![4]

Carlo ruft einen Freund an: **1** „Und, Gianni, wie läuft die Diät?". **2** „Gut! Erinnerst du dich an die Tätowierung, die ich auf meiner Brust hatte?". **3** „Natürlich, das war ein Adler!". **4** „Tja! Aus dem ist jetzt ein Kolibri geworden!".

Wer eine Diät macht, verspürt vermutlich des Öfteren Heißhunger. Im Italienischen spricht man dann von **fame da lupi**, im Deutschen hingegen ist ein anderes Tier Namensgeber, wenn vom *Bärenhunger* die Rede ist.

L'IMPERFETTO

Das imperfetto ist eine Zeitform der Vergangenheit und beschreibt vergangene Ereignisse von unbestimmter Dauer. Dazu gehören: Zustände, Personen, Sachen und Orte (Mia nonna viveva in campagna), Gewohnheiten und wiederholte Handlungen (Andavamo al ristorante tutte le domeniche), sowie zwei oder mehrere Handlungen, die gleichzeitig stattfanden (Quando ero piccolo avevo un cane). Bis auf wenige Ausnahmen ist die Bildung regelmäßig:

	parl**are**	viv**ere**	cap**ire**	**essere**	**avere**
io	parl**avo**	viv**evo**	cap**ivo**	**ero**	**avevo**
tu	parl**avi**	viv**evi**	cap**ivi**	**eri**	**avevi**
lui, lei, Lei	parl**ava**	viv**eva**	cap**iva**	**era**	**aveva**
noi	parl**avamo**	viv**evamo**	cap**ivamo**	**eravamo**	**avevamo**
voi	parl**avate**	viv**evate**	cap**ivate**	**eravate**	**avevate**
loro	parl**avano**	viv**evano**	cap**ivano**	**erano**	**avevano**

Vervollständigen Sie die Sätze mit dem imperfetto. Als ich ein Kind war ...

1. *(abitare)* .... in una grande casa al mare.

2. *(andare)* .... a scuola a piedi, ma a volte *(prendere)* .... la bicicletta.

3. *(essere)* .... una bambina vivace e *(avere)* .... molti amici.

4. Mi *(piacere)* .... tanto giocare con le mie bambole in giardino.

LÖSUNG
L'imperfetto: 1. Abitavo; 2. Andavo, prendevo; 3. Ero, avevo; 4. piaceva

33 PESCE FRESCO

1 „Herr Ober, mir scheint, dass der Fisch nicht so frisch ist wie der, den ich letzte Woche gegessen habe!".
2 „Seltsam, das ist derselbe!".

MODI PER CUCINARE IL PESCE

alla griglia
gegrillt

fritto
frittiert

arrosto
gebraten

al cartoccio
in Folie

in umido
geschmort

al forno
im Ofen

in crosta di sale
in Salzkruste

IL CONGIUNTIVO PRESENTE

Mit dem congiuntivo drückt man eine subjektive Sichtweise aus. Man verwendet ihn vor allem in Nebensätzen nach einleitendem che, wenn im Hauptsatz Verben stehen, die z. B. eine persönliche Meinung, ein Gefühl, einen Wunsch, eine Hoffnung oder Zweifel ausdrücken. Auch das Verb essere + Adjektiv + che und einige unpersönliche Verben und Ausdrücke ziehen den congiuntivo nach sich. Sehen Sie sich erst die Tabelle mit den Formen des congiuntivo presente an.

	arriv**are**	prend**ere**	sent**ire**	**essere**	**avere**
io	arriv**i**	prend**a**	sent**a**	**sia**	**abbia**
tu	arriv**i**	prend**a**	sent**a**	**sia**	**abbia**
lui, lei, Lei	arriv**i**	prend**a**	sent**a**	**sia**	**abbia**
noi	arriv**iamo**	prend**iamo**	sent**iamo**	**siamo**	**abbiamo**
voi	arriv**iate**	prend**iate**	sent**iate**	**siate**	**abbiate**
loro	arriv**ino**	prend**ano**	sent**ano**	**siano**	**abbiano**

Vervollständigen Sie dann die Sätze mit den vorgegebenen Verben im congiuntivo presente.

1. Credo che questo ristorante *(essere)* .... aperto.
2. Mi meraviglio che voi *(prendere)* .... il caffè dopo cena!
3. Mi dispiace che tu *(avere)* .... fame. Non ho nulla da offrirti!
4. Spero che Luca *(arrivare)* .... presto.
5. Se hai caldo, basta che tu *(aprire)* .... la finestra!

LÖSUNG
Il congiuntivo presente: 1. sia, 2. prendiate, 3. abbia, 4. arrivi, 5. apra

34 IL MAL DI SCHIENA ★

Un uomo va dal medico perché ha mal di schiena. Il medico lo visita:

Lei ha bisogno di sole e mare.[1]

Dottore, non è possibile![2]

Senta, sono vent'anni che faccio il medico![3]

E io sono trent'anni che faccio il bagnino![4]

Ein Mann geht zum Arzt, weil er Rückenschmerzen hat. Der Arzt untersucht ihn: **1** „Sie brauchen Sonne und Meer". **2** „Herr Doktor, das ist nicht möglich!". **3** „Hören Sie, ich bin jetzt schon seit zwanzig Jahren Arzt!". **4** „Und ich bin jetzt schon seit dreißig Jahren Bademeister!".

LE PROFESSIONI

Ordnen Sie jedem Bild den passenden Beruf zu.

1 2 3 4

5 6 7 8

...... **A** ingegnere

...... **B** insegnante

...... **C** panettiere

...... **D** artista

...... **E** musicista

...... **F** bagnino

...... **G** idraulico

...... **H** contadino

FACCIO IL MEDICO

Um den Beruf anzugeben, können Sie das Verb fare + Artikel + Beruf oder das Verb essere + Beruf ohne Artikel benutzen: faccio il medico / sono medico. Sehen Sie sich die Konstruktion „Sono vent'anni che faccio il medico“ an und bilden Sie nach diesem Muster mit den folgenden Wörtern zwei Sätze.

1. mesi | sono | fa | nove | Lucia | che | l'insegnante

....

2. il cuoco | un | che | fa | mio | anno | è | figlio

....

LÖSUNG
Le professioni: 1. D, 2. C, 3. H, 4. F, 5. A, 6. B, 7. E, 8. G
Faccio il medico: 1. Sono nove mesi che Lucia fa l'insegnante; 2. È un anno che mio figlio fa il cuoco

35 L'OCCHIO SINISTRO ★

Dottore, ogni volta che bevo il caffè mi fa male l'occhio sinistro... che cosa posso fare?[1]

Ha provato a togliere il cucchiaino?[2]

1 „Herr Doktor, jedes Mal, wenn ich Kaffee trinke, tut mir mein linkes Auge weh ... Was kann ich tun?".
2 „Haben Sie versucht den Teelöffel rauszutun?".

Um auszudrücken, dass Sie Schmerzen haben, können Sie die folgenden Ausdrücke benutzen: **mi fa male** + Körperteil / **ho male a** + Körperteil oder **ho mal di** + Körperteil:
mi fa male la pancia / ho male alla pancia / ho mal di pancia *(ich habe Bauchschmerzen).*

LE PARTI DEL CORPO

Ordnen Sie jedem Körperteil den passenden Begriff zu.

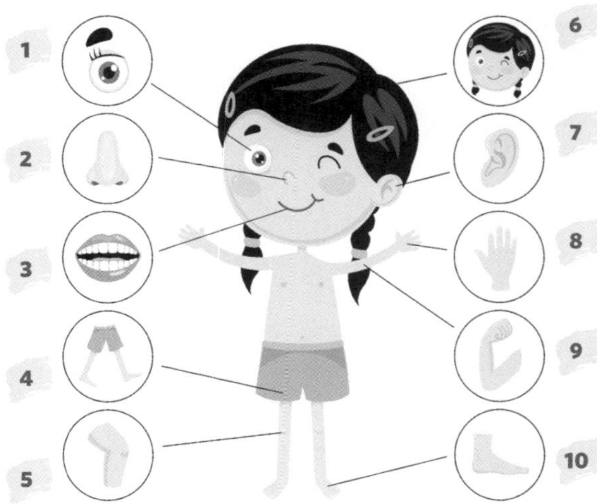

...... **A** piede

...... **B** mano

...... **C** bocca

...... **D** gambe

...... **E** ginocchio

...... **F** naso

...... **G** braccio

...... **H** orecchio

...... **I** testa

...... **J** occhio

PLURALI IRREGOLARI

Einige Bezeichnungen für Körperteile, die im Singular männlich sind, werden im Plural weiblich und enden dabei auf -a/-e. Ergänzen Sie das Schema mit den Substantiven im Plural.

il braccio	le ....
il ginocchio	le ....
l'orecchio	le ....

LÖSUNG
Le parti del corpo: 1. J, 2. F, 3. C, 4. D, 5. E, 6. I, 7. H, 8. B, 9. G, 10. A
Plurali irregolari: braccia, ginocchia, orecchie

36 LE VERTIGINI ★★

"Dottore, una persona su dieci soffre di vertigini; cosa possiamo fare?".
"Intanto potrebbe scendere dagli altri dieci".

„Herr Doktor, auf zehn Personen kommt eine, die unter Schwindel leidet; was können wir tun?".
„Zunächst könnte diese mal von den anderen zehn heruntersteigen".

Die Präposition **su** hat wie die deutsche Präposition *auf* nicht nur die örtliche Bedeutung einer Position oder Richtung (z. B. **sulla luna** *auf dem / den Mond*). Man benutzt beide auch im übertragenen Sinn, um eine Teilmenge auszudrücken. Die Bedeutung ist in diesem Fall *von*: **una persona su dieci** = *eine von zehn Personen* = *auf zehn Personen kommt eine Person*. Der Doktor im Witz nimmt aber alles ganz wörtlich!

LA PREPOSIZIONE "DA" + ARTICOLO

Die Präposition da (im Witz mit einer Ortsangabe benutzt) verschmilzt mit dem bestimmten Artikel zu einem Wort. Sehen Sie sich die vorgegebenen Formen an und ergänzen Sie die fehlenden in den dafür vorgesehenen Lücken.

da + il, lo, l', la, i, gli, le =

dal
1. ....
dall'
2. ....
3. ....
dagli
4. ....

PROBLEMI DI SALUTE

Finden Sie im Buchstabengitter sechs Wörter, die gesundheitliche Probleme bezeichnen und schreiben Sie sie neben die entsprechenden Übersetzungen.

I	O	C	F	Z	P	R	F
N	R	T	A	G	I	A	E
F	E	B	B	R	E	F	N
L	M	S	U	D	A	F	I
U	N	P	Z	F	N	R	C
E	Z	T	O	S	S	E	R
N	A	U	S	E	A	D	A
Z	A	N	D	A	L	D	M
A	V	O	D	R	B	O	P
O	M	L	U	R	O	R	O
S	C	I	U	E	F	E	V

1. Husten ....
2. Erkältung ....
3. Fieber ....
4. Übelkeit ....
5. Grippe ....
6. Krampf ....

LÖSUNG
La preposizione "da" + articolo: 1. dallo, 2. dalla, 3. dai, 4. dalle
Problemi di salute: 1. tosse, 2. raffreddore, 3. febbre, 4. nausea, 5. influenza, 6. crampo

37 DAL DENTISTA ★★

Un dentista sta compilando una breve cartella clinica di un nuovo paziente. Così si rivolge al paziente e domanda: "Apparecchio?". "No, grazie, ho già mangiato...".

Ein Zahnarzt füllt gerade ein kurzes Krankenblatt eines neuen Patienten aus. Da wendet er sich an den Patienten und fragt: „Spange?". „Nein, danke, ich habe schon gegessen ...".

il dente
Zahn

lo spazzolino
Zahnbürste

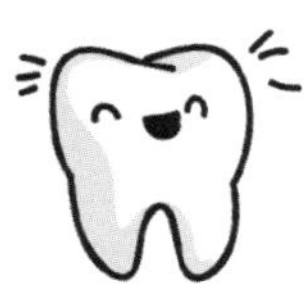

il dentifricio
Zahnpasta

la dentiera
Gebiss

il mal di denti
Zahnschmerzen

Erklärung des Witzes: „**apparecchio**" bedeutet auf Italienisch sowohl „*Zahnspange*" als auch „*ich decke den Tisch*"!

GLI AGGETTIVI

Im Italienischen gibt es zwei Arten von Adjektiven:

1. **Adjektive, die eine männliche und eine weibliche Form haben, wie: nuovo paziente / nuova paziente (Plural: nuovi / nuove);**
2. **Adjektive, die eine einzige Form haben, egal ob männlich oder weiblich, wie: breve cartella / breve controllo (Plural: brevi).**

Adjektive richten sich in Geschlecht und Zahl nach dem Substantiv, auf das sie sich beziehen. Vervollständigen Sie die Sätze mit der jeweils richtigen Form der Adjektive:
alto - amaro - competente - gentile - importante.

1. La dottoressa è stata molto ....!
2. Ma questa medicina è troppo ....!
3. Signora, le farò un paio di domande ....
4. Dottore, mio figlio ha la febbre .... da giorni.
5. I dottori di questo studio sono tutti ....

LE PROFESSIONI IN -ISTA

Die Berufsbezeichnungen auf -ista haben nur eine Form für Männer und Frauen. In diesem Fall ist der Artikel entscheidend. Schreiben Sie die weiblichen Formen zu den Bezeichnungen.

il dentista

l'oculista

lo specialista

....

....

....

LÖSUNG
Gli aggettivi: 1. gentile, 2. amara, 3. importanti, 4. alta, 5. competenti
Le professioni in -ista: la dentista, l'oculista, la specialista

38 L'ALIMENTAZIONE ★★

Un uomo si presenta dal dottore con un melone sotto al naso, una carota in un orecchio e una banana nell'altro: "Che ne pensa di me, dottore?". "Mi sa che lei non si alimenta correttamente!".

Ein Mann erscheint beim Arzt mit einer Melone unter der Nase, einer Karotte in dem einen Ohr und einer Banane im anderen: „Was halten Sie von mir, Herr Doktor?". „Ich glaube, Sie ernähren sich nicht richtig!".

Die Hauptbestandteile der sogenannten **dieta mediterranea** *(mediterrane Kost)* sind Gemüse, Obst, Hülsenfrüchte, Getreide, Reis, Geflügel, Fisch und Olivenöl. Mehrere Studien haben ergeben, dass die Bewohner der Mittelmeer-Regionen eine über dem europäischen Durchschnitt liegende Lebenserwartung haben, weil sie sich gesünder ernähren. Ist diese „Diät" nicht toll?

I VERBI RIFLESSIVI

Der Witz enthält zwei reflexive Verbformen: „si presenta" und „si alimenta". Reflexive Verben werden immer von einem Reflexivpronomen begleitet. Betrachten Sie die Darstellung rechts, um diese zu wiederholen, und ergänzen Sie dann den Tagesablauf eines Arztes mit den passenden Verbformen.

Subjekt	mi ti si ci vi si	Verb

Ogni mattina Marco *(svegliarsi)* .... presto, *(alzarsi)* .... e va in cucina. Fa colazione, poi *(vestirsi)* .... e scappa in ospedale. Lavora tutto il giorno e quando torna a casa, dopo cena, finalmente *(riposarsi)* .... sul divano davanti alla TV.

VIVERE IN MODO SANO

Was sollte man tun, um gesund zu leben? Kreuzen Sie an.

1. Mangiare frutta e verdura tutti i giorni.
2. Usare molto sale in cucina.
3. Praticare con regolarità attività sportive.
4. Dormire almeno otto ore a notte.
5. Non fare colazione.
6. Non prendere troppe medicine inutili.

LÖSUNG
I verbi riflessivi: si sveglia, si alza, si veste, si riposa
Vivere in modo sano: 1, 3, 4, 6

39 SUL LETTINO ★★

Dottore, dottore, vedo doppio![1]

Si stenda sul lettino![2]

Su quale dei due?[3]

1 „Doktor, Doktor, ich sehe doppelt!".
2 „Legen Sie sich auf die Liege!".
3 „Auf welche der beiden?".

40 IPOCONDRIA ★★

Dottore, ho letto un libro di medicina e ho scoperto di avere 99 malattie![1]

Ma lei soffre di ipocondria grave![2]

...100 malattie![3]

1 „Herr Doktor, ich habe ein Medizin-Buch gelesen und herausgefunden, dass ich 99 Krankheiten habe!". **2** „Na, Sie leiden ja unter schwerer Hypochondrie!". **3** „... 100 Krankheiten!".

LA PREPOSIZIONE "SU" + ARTICOLO

Die Präposition su (im Witz mit einer Ortsangabe benutzt) verschmilzt mit dem bestimmten Artikel zu einem Wort. Sehen Sie sich die vorgegebenen Formen an und ergänzen Sie die fehlenden in den dafür vorgesehenen Lücken.

su + il, lo, l', la / i, gli, le =

sul	sui
1.	**3.** ....
2.	**4.** ....
sulla	

VERBI LEGATI ALLA MEDICINA

Suchen Sie in der Wortschlange die acht versteckten Verben, die mit Medizin zu tun haben, und schreiben Sie sie neben die entsprechenden Übersetzungen.

prenderecurareestenderevisitareguardareguarirefaretossiredarecontagiarepartireammalarsiaspettarevaccinarecollegareoperarestaccare

1. krank werden ....
2. gesund werden ....
3. husten ....
4. behandeln ....
5. untersuchen ....
6. impfen ....
7. anstecken ....
8. operieren ....

LÖSUNG
La preposizione "su" + articolo: 1. sullo, 2. sull', 3. sugli, 4. sulle
Verbi legati alla medicina: 1. ammalarsi, 2. guarire, 3. tossire, 4. curare, 5. visitare, 6. vaccinare, 7. contagiare, 8. operare

41 IL RIPOSO

Signora, suo marito ha bisogno di riposo. Le ho fatto la ricetta di un tranquillante. Ne dovete prendere quattro pastiglie al giorno!

Der Arzt: „Ihr Mann braucht Ruhe. Ich habe Ihnen ein Rezept für ein Beruhigungsmittel ausgestellt. Sie müssen davon vier Tabletten am Tag nehmen!".

lo sciroppo
Saft

il collirio
Augentropfen

la pomata
Salbe

il cerotto
Pflaster

la pastiglia
Tablette

la supposta
Zäpfchen

il sonnifero
Schlafmittel

l'antibiotico
Antibiotikum

LA CURA

Verbinden Sie die Beschwerden in der linken Spalte mit den entsprechenden Behandlungen rechts.

1.	Ho la tosse.	.... **A**	Prenda l'antibiotico.
2.	Mi bruciano gli occhi.	.... **B**	Prenda questo sciroppo.
3.	Non riesco a dormire.	.... **C**	Metta questa pomata.
4.	Ho mal di schiena.	.... **D**	Prenda questo sonnifero.
5.	Ho la febbre e mal di gola.	.... **E**	Metta questo collirio.

I PRONOMI INDIRETTI

In dem Witz finden Sie ein indirektes Objektpronomen: „<u>Le</u> ho fatto la ricetta". Die indirekten Objektpronomen entsprechen den deutschen Dativpronomen (als Antwort auf die Frage: wem oder was?) und ersetzen ein indirektes Objekt, das mit der Präposition a eingeleitet wird. Bis auf die 3. Person Singular und Plural entsprechen sie den Reflexivpromomen. Vervollständigen Sie die Sätze mit den passenden indirekten Objektpronomen.

mi

ti

gli / le / Le

ci

vi

gli

1. Mi scusi, ... sa dire dove posso trovare una farmacia?
2. Dottore, ... posso parlare un minuto?
3. Luca, ... ho detto mille volte di non toccare le medicine!
4. Se potete aspettare, ... confermo subito l'appuntamento.
5. Ho chiamato la dottoressa e .... ho chiesto di venire.

LÖSUNG
La cura: 1. B, 2. E, 3. D, 4. C, 5. A
I pronomi indiretti: 1. mi, 2. Le , 3. ti, 4. vi, 5. le

42 LA TOSSE

Durante le visite in ospedale, il dottore si avvicina a un paziente che ha una bruttissima tosse e gli dice: "Provi a tossire...". Il paziente obbedisce.
Il medico: "Bene, tossisce molto meglio di ieri".
E il paziente: "Beh certo, mi sono allenato tutta la notte".

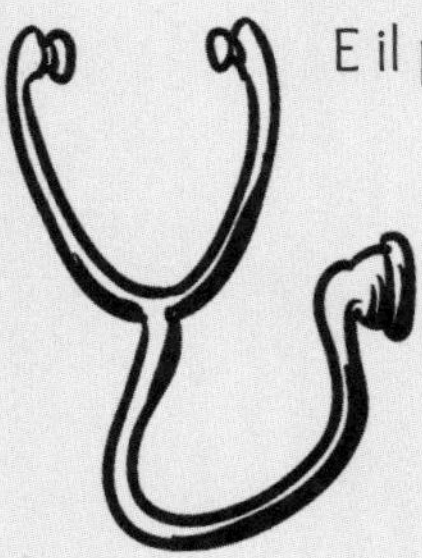

Während der Visite im Krankenhaus kommt der Arzt zu einem Patienten, der einen schlimmen Husten hat, und sagt zu ihm: „Versuchen Sie einmal zu husten ...". Der Patient gehorcht. Der Arzt: „Gut, Sie husten schon viel besser als gestern". Und der Patient: „Na klar, ich habe ja auch die ganze Nacht trainiert".

il reparto
Abteilung

il pronto soccorso
Notaufnahme

la corsia
Krankensaal

la sala operatori
Operationssaal

la sala parto
Kreißsaal

l'ambulanza
Krankenwagen

la sala d'aspetto
Warteraum

PARTICOLARITÀ DEI VERBI IN -IRE

Manche italienische Verben auf -ire haben im Singular und in der 3. Person Plural eine Stammerweiterung, d. h. zwischen Verbstamm und -endung wird noch -isc- eingefügt, wie bei:

tossire > io tossisco / tu tossisci / lui tossisce / loro tossiscono

Stamm- 

-Endung

Schreiben Sie jetzt die richtigen Formen der angegebenen Verben in die Lücken.

spedire | finire | preferire | costruire | capire

1. Chieda alla segretaria quando .... le visite.
2. Dottore, ... prendere una pastiglia, non sopporto gli sciroppi.
3. Nel mio quartiere .... un nuovo ospedale!
4. Il paziente non .... che la situazione è grave.
5. Domani la dottoressa mi .... la ricetta.

Für diese Verben gibt es leider kein Erkennungsmerkmal. Da hilft nur ein Blick ins Wörterbuch oder in eine Grammatik weiter!

LÖSUNG
Particolarità dei verbi in -ire: 1. finiscono, 2. preferisco, 3. costruiscono, 4. capisce, 5. spedisce

43 LA CURA DIMAGRANTE

Un dietologo prescrive a una signora una cura dimagrante. Dopo qualche giorno la donna si ripresenta nel suo studio e dice: "Dottore, la dieta che mi ha dato mi rende molto nervosa. Ieri ho morso un orecchio a mio marito!".
E il dottore: "Non si preoccupi, signora. Un orecchio saranno forse cinquanta calorie".

Ein Ernährungsspezialist verschreibt einer Frau eine Diät. Nach ein paar Tagen kommt die Frau wieder in seine Praxis und sagt: „Herr Doktor, die Diät, die Sie mir verschrieben haben, macht mich sehr nervös. Gestern habe ich meinen Mann ins Ohr gebissen!". Und der Arzt: „Machen Sie sich keine Sorgen. Ein Ohr hat (nur) etwa fünfzig Kalorien".

Lernen Sie ein paar Redewendungen, die mit den Ohren zu tun haben!

avere orecchio (*ein feines Gehör haben*)
essere duro d'orecchi (*schwerhörig sein*)
essere tutt'orecchi (*ganz Ohr sein*)
fare orecchie da mercante (*sich taub stellen*)
musica per le mie orecchie (*Musik in meinen Ohren*)

FARE SUPPOSIZIONI

Mit dem Futur drückt man nicht nur Handlungen aus, die in der Zukunft liegen, sondern auch vage Vermutungen, wie bei „saranno forse 50 calorie". Entscheiden Sie, ob es sich bei den folgenden Sätzen um einen Plan oder eine Vermutung handelt.

	PIANO	SUPPOSIZIONE
1. Non mi sento bene. Avrò la febbre?	●	●
2. L'operazione sarà tra due settimane.	●	●
3. Non trovo le pastiglie. Saranno nella borsa?	●	●
4. Il dottore non avrà più di 50 anni.	●	●
5. Hanno chiamato dall'ospedale. Sarà grave?	●	●
6. Tra poco finiranno le visite.	●	●

SOSTANTIVI IN -LOGO

Bei Wörtern mit der Endung -logo gibt es zwei verschiedene Pluralformen: Wenn Personen bzw. Berufe bezeichnet werden, lautet die Endung -logi, bei Sachen -loghi. Setzen Sie die folgenden Substantive in den Plural. Denken Sie dabei auch an die völlig unterschiedliche Aussprache der beiden Endungen!

il dermatologo	i ....
il monologo	i ....
il cardiologo	i ....
il dialogo	i ....
lo psicologo	gli ....

LÖSUNG
Fare supposizioni: piano: 2, 6; supposizione: 1, 3, 4, 5
Sostantivi in -logo: dermatologi, monologhi, cardiologi, dialoghi, psicologi

44 UN NUOVO AMORE ★

Due amiche:

Zwei Freundinnen: **1** „Weißt du, ich habe einen neuen Freund. Er hat den Charme von Frank Sinatra und die Intelligenz von Einstein". **2** „Wow! Und wie heißt dieser phänomenale Typ?". **3** „Frankenstein!".

L'amore, die Liebe: Sie kennt viele Arten von Beziehungen. Welche Formen von Liebesbeziehungen gibt es?

il/la ragazzo/-a *(Freund/in)*
il/la fidanzato/-a *(Verlobte/r)*
il marito / la moglie *(Ehemann/-frau)*
il/la compagno/-a *(Partner/in)*
l'amante *(Geliebte/r)*

L'ARTICOLO DETERMINATIVO E INDETERMINATIVO

Ho **un** nuovo ragazzo.

Il mio ragazzo si chiama Frankenstein.

Unbestimmter Artikel:
neu, nicht bekannt,
nicht näher bestimmt.

Bestimmter Artikel:
(jetzt) bekannt,
näher bestimmt.

Welcher Artikel ist richtig? Kreuzen Sie an.

1. **Il** | **un** nuovo compagno di Elena è **il** | **un** ragazzo molto simpatico.
2. C'è **l'** | **un** hotel qui vicino? – Sì, dopo il semaforo c'è **l'** | **un** albergo "Il Principe".
3. Cara, guardiamo **il** | **un** film stasera? – No, preferisco leggere **il** | **un** libro che ho comprato oggi.
4. Per San Valentino mio marito mi ha regalato **il** | **un** biglietto per **il** | **un** concerto di Paolo Conte.

La festa di San Valentino
Am 14. Februar wird auch in Italien, wie in vielen Ländern, das Fest der Liebe gefeiert. Viele Liebespaare tauschen kleine Geschenke aus und genießen zum Beispiel ein Abendessen bei Kerzenschein.

LÖSUNG
L'articolo determinativo e indeterminativo: 1. Il, un; 2. un, l'; 3. un, il; 4. un, il

45 LA NONNA ★

Cappuccetto Rosso entra nella casa della nonna e trova il lupo. “Ma che orecchie grandi che hai! E che bocca grande! E quanti peli!”.
Il lupo la interrompe e dice: “Scusa, ma sei venuta solo per criticare?”.

Rotkäppchen kommt ins Haus der Großmutter und trifft auf den Wolf. „Was hast du für große Ohren! Und was für einen riesigen Mund! Und wie viele Haare!“. Der Wolf unterbricht sie und sagt: „Entschuldigung, aber bist du nur gekommen, um an mir herumzukritisieren?“.

capelli bianchi / biondi / castani / neri
weiße / blonde / braune / schwarze Haare

capelli corti / lunghi / ricci / lisci
kurze / lange / lockige / glatte Haare

alto / basso / magro / grasso
groß / klein / schlank / dick

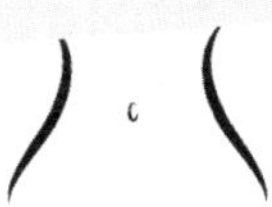

occhi scuri / verdi / azzurri
braune / grüne / blaue Augen

barba, baffi, occhiali
Bart, Schnurrbart, Brille

CHE ORECCHIE GRANDI!

Wenn Sie jemanden beschreiben möchten, können Sie die Ausdrücke auf der linken Seite gebrauchen. Ergänzen Sie die Beschreibungen mit den passenden Adjektiven.

1. Ha i capelli ...., ... e ...., e ha la ....

2. Ha i capelli biondi, ... e ...., e ha la bocca ....

I PRONOMI DIRETTI

In dem Witz finden Sie ein direktes Objektpronomen: „Il lupo <u>la</u> interrompe". Die direkten Objektpronomen ersetzen ein bereits erwähntes Objekt und entsprechen den deutschen Akkusativpronomen (als Antwort auf die Frage: wen oder was?). Beantworten Sie die Fragen mit den passenden direkten Objektpronomen.

mi
ti
lo / la / La
ci
vi
li / le

1. Ma porti gli occhiali? – No, ... uso solo per leggere.

2. Ti preferisco senza barba! – Ok, ... taglio domani!

3. Mi accompagni dal parrucchiere? – Sì, ... accompagno volentieri!

LÖSUNG
Che orecchie grandi!: 1. neri, corti, ricci, barba; 2. lunghi, lisci, grande
I pronomi diretti: 1. li, 2. la, 3. ti

46 ALBUM DI FAMIGLIA ★

Mentre sfoglia l'album di famiglia un bambino domanda:

Mamma, chi è questo bel giovanotto vicino a te in questa foto?[1]

Il tuo papà![2]

E allora chi è quel ciccione pelato che vive con noi?[3]

Während er das Familienalbum durchblättert, fragt ein Junge: **1** „Mama, wer ist dieser schöne junge Mann neben dir auf diesem Foto?". **2** „Dein Papa!". **3** „Und wer ist dann der Dickwanst mit Glatze, der bei uns lebt?".

L'ALBERO GENEALOGICO

Wie fit sind Sie in Sachen famiglia? Ergänzen Sie die Sätze mit den richtigen Verwandtschaftsbezeichnungen: fratello – cugina – figlio – zio – nonna – marito – sorella.

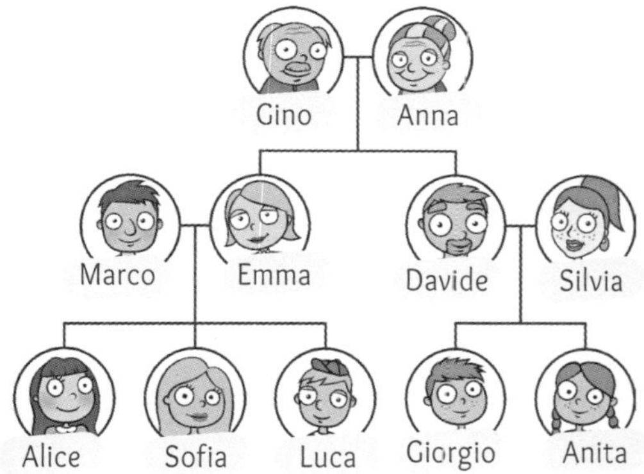

1. Gino è il .... di Anna.
2. Emma è la .... di Davide.
3. Anna è la .... di 5 bambini.
4. Marco è lo .... di Giorgio e Anita.
5. Giorgio è il .... di Silvia e Davide.
6. Luca è il .... di Alice e Sofia.
7. Sofia è la .... di Giorgio e Anita.

L'AGGETTIVO "BELLO"

Für das Adjektiv bello gilt eine besondere Stellungsregel. Wenn es vor dem Substantiv steht, enden seine Formen wie der bestimmte Artikel. Wenn das Adjektiv bello nicht vor dem Substantiv steht, verhält es sich wie ein normales Adjektiv.

LÖSUNG
L'albero genealogico: 1. marito, 2. sorella, 3. nonna, 4. zio, 5. figlio, 6. fratello, 7. cugina

47 GELOSIA

Paola, quando finirai di essere gelosa?[1]

Quando tornerai a chiamarmi Antonella![2]

1 „Paola, wann wirst du damit aufhören, eifersüchtig zu sein?“. **2** „Wenn du wieder anfangen wirst, mich Antonella zu nennen!“.

48 LA SUOCERA

Non ho parlato a mia suocera per 18 mesi: non volevo interromperla.

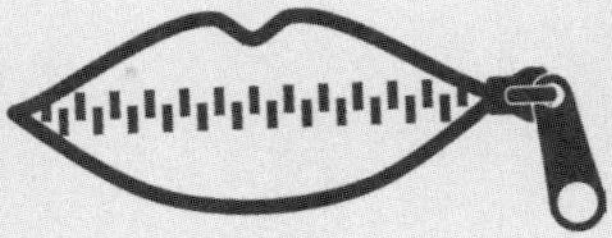

Ich habe 18 Monate lang nicht mit meiner Schwiegermutter gesprochen: Ich wollte sie nicht unterbrechen.

I SENTIMENTI

Finden Sie im Buchstabengitter sieben Wörter, die Gefühle bezeichnen, und schreiben Sie sie neben die entsprechenden Übersetzungen.

I	O	D	I	O	P	I	S	N
N	R	T	A	G	I	N	P	O
F	A	B	T	R	E	V	E	S
L	M	N	O	I	A	I	R	T
U	O	P	Z	N	O	D	A	A
E	R	T	L	G	S	I	N	L
G	E	L	O	S	I	A	Z	G
C	A	N	D	A	L	D	A	I
F	E	Z	I	P	A	U	R	A

1. Eifersucht ....

2. Liebe ....

3. Hass ....

4. Neid ....

5. Sehnsucht ....

6. Angst ....

7. Hoffnung ....

LA POSIZIONE DEI PRONOMI

Bei den Modalverben + Infinitiv können die Objektpronomen vor- oder nachgestellt werden: „non volevo interromperla" oder „non la volevo interrompere". Beides ist möglich! Schreiben Sie die folgenden Sätze mit der jeweils anderen Wortstellung.

1. Quando ti posso chiamare? / ....?

2. Voglio regalarlo a mio figlio. / ....

3. Non lo devi dire a nessuno! / ....!

4. Ci potete aiutare? / ....?

5. Vuoi accompagnarmi tu? / ....?

LÖSUNG

I sentimenti: 1. gelosia, 2. amore, 3. odio, 4. invidia, 5. nostalgia, 6. paura, 7. speranza
La posizione dei pronomi: 1. Quando posso chiamarti, 2. Lo voglio regalare a mio figlio, 3. Non devi dirlo a nessuno, 4. Potete aiutarci, 5. Mi vuoi accompagnare tu

49 UOMO O DONNA? ★★

Mi scusi, ma secondo lei la persona che sta arrivando è un uomo o una donna?[1]

Ma quello è mio figlio![2]

Che gaffe! Proprio alla madre dovevo chiederlo![3]

Ma io sono il padre![4]

1 „Entschuldigen Sie, ist die Person, die da kommt, Ihrer Meinung nach ein Mann oder eine Frau?". **2** „Aber das ist mein Sohn!". **3** „Wie peinlich! Musste ich das ausgerechnet seine Mutter fragen!". **4** „Aber ich bin doch der Vater!".

MA QUELLO È MIO FIGLIO!

Das Demonstrativpronomen quello wird verwendet, um auf Personen und Sachen zu verweisen, die weiter entfernt vom Sprecher sind. Sehen Sie sich die vier verschiedenen Formen an und ergänzen Sie die Sätze mit den richtigen Formen von quello.

1. Questo è mio fratello, mentre .... è mia sorella.
2. Il mio telefono è scarico, devo usare .... di mia moglie.
3. Vuoi queste scarpe blu o preferisci .... bianche?
4. I capelli di mio papà sono rossi, ... di mia mamma sono neri.

Der Ausdruck „**che gaffe!**" kommt aus dem Französischen und wird in Bezug auf eine unangemessene Handlung oder Äußerung verwendet, die zu peinlichen Situationen führt. Auf Italienisch kann man auch **che figura!**, **che brutta figura!** oder **che figuraccia!** *(was für eine Blamage!)* sagen.

LÖSUNG
Ma quello è mio figlio!: 1. quella, 2. quello, 3. quelle, 4. quelli

50 MAMMA, MAMMA (1) ★★

Mamma, mamma, gli altri bambini dicono che ho dei piedi grandissimi...[1]

Ma no, scherzano, bimbo mio. Su, ora vai a parcheggiare le scarpe in garage che tra un po' si mangia![2]

1 „Mama, Mama, die anderen Kinder sagen, dass ich riesengroße Füße habe ...". **2** „Ach was, die machen nur Spaß, mein Kind. Auf, jetzt geh deine Schuhe in der Garage parken, denn wir essen gleich!".

IL SUPERLATIVO ASSOLUTO

Der Witz enthält einen absoluten Superlativ: „grandissimi". Er drückt einen sehr hohen Grad einer Eigenschaft aus und wird gebildet, indem man das Adjektiv um den Endvokal kürzt und -issimo/-a anhängt. Bilden Sie jetzt den absoluten Superlativ (das Adjektiv in Klammern steht in der männlichen Form Singular).

1. Tua figlia è *(alto)* ....!
2. I miei nonni sono *(gentile)* ....!
3. Le mie amiche sono *(simpatico)* .... !

LE PARTI DELLA CASA

Verbinden Sie die Namen der Teile eines Hauses mit den entsprechenden Abbildungen.

...... **A** cucina

...... **B** camera da letto

...... **C** salotto

...... **D** sala da pranzo

...... **E** bagno

...... **F** studio

...... **G** lavanderia

...... **H** cantina

...... **I** garage

LÖSUNG
Il superlativo assoluto: 1. altissima, 2. gentilissimi, 3. simpaticissime
Le parti della casa: 1. F, 2. C, 3. E, 4. B, 5. I, 6. D, 7. A, 8. H, 9. G

51 MAMMA, MAMMA (2) ★★

1 „Mama, Mama, alle machen sich lustig über mich, weil ich so lange Zähne habe ...". **2** „Das stimmt nicht, mein Lieber, aber sei still, sonst machst du mir Kratzer ins Parkett!".

STA' ZITTO!

Die einsilbigen Imperative in der Du-Form haben unregelmäßige, teils alternative Formen:

andare → va' / vai
dare → da' / dai
dire → di'
fare → fa' / fai
stare → sta' / stai

Jetzt ist es Zeit, Befehle zu geben! Bilden Sie Sätze in der Du-Form des Imperativs.

1. *(dire)* .... la verità!
2. *(fare)* .... quello che ti dico io!
3. *(andare)* .... a dormire!
4. *(dare)* .... una mano a tuo fratello!

GIRO

Prendere in giro qualcuno (wörtlich *jemanden in den Kreis nehmen*) bedeutet *sich über jemanden lustig machen / jemanden auf den Arm nehmen*. Das Wort giro wird in vielen anderen Redewendungen benutzt und hat dabei ganz unterschiedliche Bedeutungen. Ordnen Sie die Ausdrücke den passenden deutschen Entsprechungen zu.

1.	essere su di giri	....	**A**	frei heraus, ohne Umschweife
2.	andare in giro	....	**B**	innerhalb eines Monats
3.	fare il giro del mondo	....	**C**	aufgedreht sein
4.	finire in un brutto giro	....	**D**	eine Runde drehen
5.	nel giro di un mese	....	**E**	die Welt umreisen
6.	senza giri di parole	....	**F**	in schlechte Kreise geraten

LÖSUNG
Sta' zitto!: 1. Di', 2. Fa' / Fai, 3. Va' / Vai, 4. Da' / Dai
Giro: 1. C, 2. D, 3. E, 4. F, 5. B, 6. A

52 A UN MATRIMONIO

Una bimba partecipa per la prima volta a un matrimonio. A un certo punto si gira verso la madre e le chiede sussurrando: "Perché la sposa è vestita di bianco?".
"Perché il bianco è il colore della felicità e oggi è il più bel giorno della sua vita".
La bimba ci pensa un po' su, poi dice: "Ma allora... perché lo sposo è vestito di nero?".

Ein kleines Mädchen ist zum ersten Mal auf einer Hochzeit. Plötzlich dreht sie sich zu ihrer Mutter und fragt sie flüsternd: „Warum ist die Braut weiß angezogen?". „Weil Weiß die Farbe des Glücks ist, und heute ist der schönste Tag ihres Lebens". Das Mädchen denkt eine Weile darüber nach und fragt dann: „Aber ... warum ist dann der Bräutigam schwarz angezogen?".

IL GERUNDIO

Das gerundio wird benutzt, um Nebensätze zu verkürzen, und hat dabei meist das gleiche Subjekt wie der Hauptsatz. Die Nebensätze mit dem gerundio können Temporalsätze ersetzen wie z. B. sussurrando = mentre sussurra. Sehen Sie sich bei Witz 17 noch einmal an, wie man das gerundio bildet, und wandeln Sie dann die Teilsätze um.

1. Mentre tornavo a casa ho incontrato Giacomo.
.... ho incontrato Giacomo.

2. Mentre leggevo il libro ho scoperto che è molto interessante.
.... ho scoperto che è molto interessante.

3. Quando lavo i capelli mi accorgo che ne perdo molti.
.... mi accorgo che ne perdo molti.

IL MATRIMONIO

Ordnen Sie jedem Bild rund ums Thema Hochzeit den passenden Begriff zu.

...... **A** il bouquet
...... **B** la torta di nozze
...... **C** la sposa
...... **D** il vestito da sposa
...... **E** gli anelli
...... **F** l'invito
...... **G** lo sposo
...... **H** la luna di miele
...... **I** la chiesa
...... **J** la bomboniera

LÖSUNG
Il gerundio: 1. Tornando a casa, 2. Leggendo il libro, 3. Lavando i capelli
Il matrimonio: 1. C, 2. G, 3. B, 4. I, 5. J, 6. A, 7. F, 8. D, 9. H, 10. E

53 IL NOME

★★★

Alcuni genitori per scegliere il nome per il neonato guardano il calendario.
Infatti mia sorella l'hanno chiamata RATA MUTUO.

Manche Eltern sehen auf den Kalender, um den Namen für ihr Neugeborenes auszuwählen. Deshalb wurde meine Schwester nämlich KREDITRATE genannt.

il passeggino
Kinderwagen

il ciuccio
Schnuller

il pannolino
Windel

la culla
Wiege

il biberon
Fläschchen

LE FASI DELLA VITA

Fügen Sie für jedes Alter den passenden Begriff ein.

1. il b.................

2. il b.................

3. l'a.....................

4. il g.................

5. l'a.................

6. l'a.....................

MIA SORELLA L'HANNO CHIAMATA

Wenn die direkten Pronomen lo, la, li und le vor zusammengesetzten Zeiten stehen, wird das Partizip Perfekt in Geschlecht und Zahl angeglichen. Außerdem werden lo und la vor Vokal und vor den Formen von avere apostrophiert. Ergänzen Sie die Antworten und ersetzen Sie das Objekt durch das Objektpronomen.

1. Hai svegliato le bambine? – Sì, ...

2. Hai cambiato il pannolino? – Sì, ...

3. Avete preso i passeggini? – Sì, ...

4. Hanno preparato la cena? – No, non ....

LÖSUNG

Le fasi della vita: 1. il bebè, 2. il bambino, 3. l'adolescente, 4. il giovane, 5. l'adulto, 6. l'anziano

Mia sorella l'hanno chiamata: 1. le ho svegliate, 2. l'ho cambiato, 3. li abbiamo presi, 4. l'hanno preparata

54 IL MAIALETTO ★

Qual è l'animale che non va mai a dormire?[1]

Il maialetto![2]

1 Welches Tier geht nie schlafen?
2 Das Schweinchen (***mai a letto*** = *nie ins Bett*)!

IL PRONOME "QUALE"

Das Fragewort quale (+ Substantiv) hat zwei Formen, eine für den Singular (quale) und eine für den Plural (quali). Vor der Verbform è wird quale zu qual verkürzt und nicht apostrophiert! Ergänzen Sie die Sätze mit den Formen von quale.

1. .... sono i tuoi animali preferiti?

2. Di .... colore è il tuo gatto?

3. .... è il tuo cane tra questi?

4. .... pesci avete visto nell'acquario?

LA GIORNATA TIPO

Was macht man typischerweise wann? Verbinden Sie jede Tätigkeit mit der passenden Tageszeit.

...... **A** andare a letto

...... **B** lavarsi

...... **C** guardare la tv

...... **D** lavorare

...... **E** alzarsi

...... **F** preparare la cena

...... **G** fare colazione

...... **H** fare la spesa

LÖSUNG
Il pronome "quale": 1. Quali, 2. quale, 3. Qual, 4. Quali
La giornata tipo: 1. B, E, G; 2. D, H; 3. F; 4. A, C

55 A SCUOLA ★★

Dove vanno a studiare i pesci?[1]

Sui banchi di sabbia.[2]

1 Wo gehen die Fische zum Lernen hin?
2 Auf die Sandbänke.

IL PLURALE DEI SOSTANTIVI IN -CO/-GO

Sehen Sie sich dieses Schaubild an und ergänzen Sie rechts die Pluralendungen der Substantive.

-co / -go mit Betonung auf der vorletzten Silbe → -chi / -ghi

-co / -go mit Betonung auf der drittletzten Silbe → -ci / -gi

1. il parco – i par.......
2. il lago – i la.......
3. il medico – i medi.......
4. il biologo – i biolo.......

GLI OGGETTI PER IL MARE

Diese Dinge gehören einfach zum Sommer dazu. Wie heißen sie auf Italienisch? Ordnen Sie jedem Bild den passenden Begriff zu.

.... **A** le infradito

.... **B** il lettino

.... **C** la maschera da sub

.... **D** il salvagente

.... **E** gli occhiali da sole

.... **F** l'ombrellone

.... **G** l'ancora

.... **H** il costume da bagno

.... **I** la crema solare

LÖSUNG
Il plurale dei sostantivi in -co/-go: 1. i parchi, 2. i laghi, 3. i medici, 4. i biologi
Gli oggetti per il mare: 1. B, 2. C, 3. A, 4. H, 5. D, 6. G, 7. E, 8. I, 9. F

56 IL RAFFREDDORE ★★

Cosa fa un testimone con il raffreddore?[1]

Influenza la corte![2]

1 Was macht ein Zeuge mit Schnupfen?
2 Er steckt das Gericht an! (= *beeinflusst das Gericht*)

57 GIUDICI ★★

Come si chiama il più famoso giudice italiano?[1]

Massimo Della Pena.[2]

1 Wie heißt der berühmteste italienische Richter? **2** Massimo Della Pena (= *maximale Strafe/Höchststrafe*).

LA PREPOSIZIONE "CON"

Die Präposition con wird in folgenden Fällen verwendet:
- bei Angaben in der Bedeutung von „zusammen mit, in Begleitung von", z. B. Domani esco con Carlo *(Morgen gehe ich mit Carlo aus)*;
- bei Eigenschaftsangaben, z. B. Mio papà è quell'uomo con la barba *(Mein Vater ist der Mann da mit dem Bart)*;
- bei Angaben des Mittels, z. B. Arriviamo con il treno *(Wir kommen mit dem Zug an)*;
- bei kausalen Angaben, z. B. Con questo caldo è difficile lavorare *(Bei dieser Hitze ist es schwer zu arbeiten)*;
- bei Angaben der Art und Weise, z. B. Fai con calma! *(Mach es in aller Ruhe!)*.

COMPARATIVI IRREGOLARI

Sie finden im Witz 57 die unregelmäßige Steigerungsform von grande: „massimo". Sehen Sie sich diese Tabelle an.

Positiv	Komparativ	Superlativ
buono *(gut)*	migliore	ottimo
cattivo *(schlecht)*	peggiore	pessimo
grande *(groß)*	maggiore	massimo
piccolo *(klein)*	minore	minimo

Ergänzen Sie nun die Sätze mit den folgenden unregelmäßigen Steigerungsformen: migliore – massimo – minore – ottimo.

1. Ho fatto questo esercizio con la .... attenzione.
2. Luca ha tre anni in meno di me, è il mio fratello ....
3. Io e Chiara siamo inseparabili: è la mia .... amica!
4. Grazie per l'.................... cena! Era tutto squisito!

LÖSUNG
Comparativi irregolari: 1. massima, 2. minore, 3. migliore, 4. ottima

58 I COLMI

★★

Qual è il colmo per una zanzara? Andare in vacanza a Mosca.[1]

Qual è il colmo per un eschimese? Prendere delle decisioni a caldo.[2]

Qual è il colmo per un santo? Lamentarsi di avere un cerchio alla testa.[3]

Qual è il colmo per un dentista? Essere incisivo.[4]

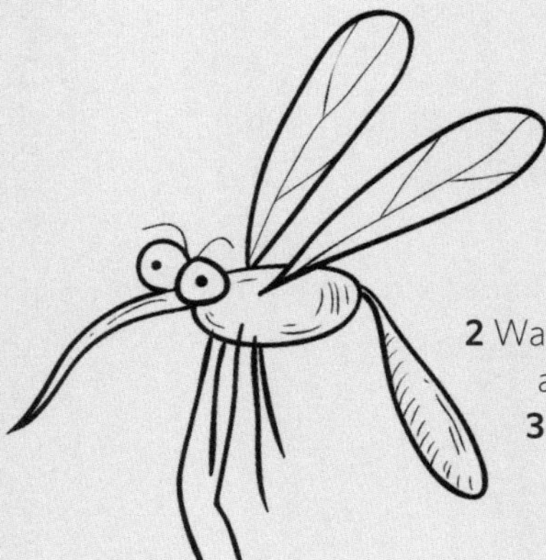

1 Was ist der Gipfel für eine Stechmücke? In Moskau (*mosca* = *Fliege*) Urlaub zu machen.
2 Was ist der Gipfel für einen Eskimo? Aus dem Bauch heraus (*a caldo* = *aus der Hitze*) Entscheidungen zu treffen.
3 Was ist der Gipfel für einen Heiligen? Sich darüber zu beklagen, dass er einen Ring um den Kopf hat.
4 Was ist der Gipfel für einen Zahnarzt? Wirksam (*incisivo* = *Schneidezahn*) zu sein.

Colmo bedeutet *Gipfel*, *Spitze*, *Höhepunkt* und kommt oft im übertragenen Sinn vor. Besonders gern wird der Ausdruck in Witzen verwendet, die mit den verschiedenen Bedeutungen eines Wortes spielen, wie hier oben z. B. **Mosca** = *Moskau* / **mosca** = *Fliege*.

LA PREPOSIZIONE "PER"

Die Präposition per wird in folgenden Fällen verwendet:
– bei Richtungsangaben, z. B. Domani parto per Berlino *(Morgen fahre ich nach Berlin)*;
– bei Zeitangaben (Zeitdauer), z. B. Ho lavorato per dieci ore *(Ich habe zehn Stunden lang gearbeitet)*;
– bei Angaben der Art und Weise, z. B. per posta *(mit der Post)*;
– bei kausalen Angaben, z. B. chiuso per ferie *(wegen Urlaub geschlossen)*.

Ergänzen Sie die Sätze mit den Präpositionen per, con oder in.

1. I miei nonni hanno una casa .... campagna.
2. .... primavera andremo a Roma .... una settimana.
3. Andate .... il treno o .... aereo?
4. .... i miei colleghi comunichiamo sempre .... e-mail.

ANDARE IN VACANZA

Wo verbringen die Italiener ihren Urlaub? Setzen Sie die fehlenden Wörter an der richtigen Stelle ein.

estero | mare | bianca | benessere | lunghi

1. In estate gli italiani preferiscono andare al ....

2. In inverno si va in montagna per la settimana ....
3. Per le vacanze molti italiani restano in Italia e non vanno all'.................
4. Le vacanze corte si fanno nei weekend ....

5. Il nuovo trend sono le vacanze ....

LÖSUNG
La preposizione "per": 1. in; 2. In, per; 3. con, in; 4. Con, per
Andare in vacanza: 1. mare, 2. bianca, 3. estero, 4. lunghi, 5. benessere

59 IL SANTO

★★★

Qual è il santo protettore degli spagnoli?[1]

San Gria![2]

1 Wer ist der Schutzheilige der Spanier?
2 Der heilige Gria! (*San = Sankt/Heiliger*)

60 IL FRATE

★★★

Qual è il frate a cui piace aspettare?[1]

Fra un po'.[2]

1 Welchem Mönch gefällt es zu warten?
2 (Dem) Bruder „Bald".

ESPRESSIONI CON "SANTO"

Im Italienischen kommt das Wort „santo" in vielen Redewendungen vor. Ordnen Sie die Ausdrücke den passenden deutschen Entsprechungen zu.

1. tutto il santo giorno .... **A** wie Hund und Katze sein
2. stare in santa pace .... **B** kein Heiliger sein
3. avere un santo in paradiso .... **C** den lieben langen Tag
4. non essere uno stinco di santo .... **D** einen Schutzengel haben
5. essere come il diavolo e l'acqua santa .... **E** seine Ruhe haben

IL PRONOME RELATIVO "CUI"

Der Witz hier links enthält das Relativpronomen cui, das sich auf Personen und Sachen im Singular und Plural beziehen kann und unveränderlich ist. Es wird von einer Präposition begleitet. Wählen Sie die richtige Präposition + Relativpronomen cui aus.

1. L'aereo .... ho viaggiato è arrivato in ritardo.
- ○ **A** su cui
- ○ **B** per cui

2. Emma è l'amica .... sono andata in chiesa.
- ○ **A** con cui
- ○ **B** da cui

3. Il corso .... ho partecipato è stato molto interessante.
- ○ **A** in cui
- ○ **B** a cui

4. Il collega .... ti ho parlato ha appena cambiato lavoro.
- ○ **A** su cui
- ○ **B** di cui

LÖSUNG
Espressioni con "santo": 1. C, 2. E, 3. D, 4. B, 5. A
Il pronome relativo "cui": 1. A, 2. A, 3. B, 4. B

61 IL FUTURO ★

Una signora va da una chiaroveggente per farsi predire il suo futuro lavorativo. Bussa. La chiaroveggente chiede:

Eine Frau geht zu einer Hellseherin, um sich ihre berufliche Zukunft vorhersagen zu lassen. Sie klopft. Die Hellseherin fragt: **1** „Wer ist da?". **2** „Na, das fängt ja gut an ...".

VERBI IN -CIARE/-GIARE

Verben auf -ciare und -giare, wie cominciare, verlieren das -i- ihres Stamms vor Endungen, die mit -i oder -e anfangen, z. B.: tu cominci (und nicht tu comincii), noi cominciamo (und nicht noi cominciiamo), io comincerò (und nicht io comincierò). Ergänzen Sie die folgenden Sätze mit den richtigen Formen im Präsens.

1. Ma tu *(viaggiare)* .... sempre in prima classe?

2. Noi *(mangiare)* .... una pizza, la vuoi anche tu?

3. *(parcheggiare - noi)* .... qui, non si paga!

4. Dove *(festeggiare)* .... il tuo compleanno?

ANDARE / ESSERE DA...

In Verbindung mit Läden und Geschäften benutzt man die Präposition da + Artikel, wenn es sich um den Ladenbetreiber (Personenbezeichnung) handelt, z. B.: vado / sono dal fioraio *(ich gehe zum / ich bin beim Floristen).* **Ergänzen Sie die Sätze mit den folgenden Ladenbetreibern: macellaio - fruttivendolo - panettiere - pescivendolo.**

1. Vado dal ....

2. Sono dal ....

3. Sono dal ....

4. Vado dal ....

LÖSUNG

Verbi in -ciare/-giare: 1. viaggi, 2. mangiamo, 3. Parcheggiamo, 4. festeggi

Andare/essere da...: 1. fruttivendolo, 2. pescivendolo, 3. macellaio, 4. panettiere

62 LA PUNTUALITÀ ★

Un imprenditore chiede a un altro:

Ma come mai i tuoi dipendenti arrivano sempre puntuali la mattina in ufficio?[1]

Semplice: ho fatto solo 20 posti auto per 30 persone![2]

Ein Unternehmer fragt einen anderen: **1** „Wie kommt es eigentlich, dass deine Angestellten morgens immer pünktlich ins Büro kommen?". **2** „Ganz einfach: Ich habe nur 20 Parkplätze für 30 Personen eingerichtet!".

Das Wort **ufficio** bedeutet sowohl *Amt, Behörde* als auch *Büro*.

Oggi non vado in ufficio. *(Heute gehe ich nicht ins Büro.)*

L'Ufficio Immigrazione si trova al terzo piano. *(Die Einwanderungsbehörde befindet sich in der dritten Etage.)*

CHE ORE SONO? / CHE ORA È?

Die Uhrzeit wird im Italienischen mit der 3. Person von essere + dem bestimmten Artikel gebildet: È l'una (Sg.) / Sono le tre (Pl.). Beachten Sie: Im Italienischen sagt man Sono le otto e mezza. *(Es ist halb neun)*. **Ordnen Sie nun die passenden Uhrzeiten zu.**

...... **A** ... e mezza

...... **B** ... e venticinque

...... **C** ... e dieci

...... **D** ... meno cinque

...... **E** ... e un quarto

...... **F** ... e trentacinque

...... **G** ... meno venti

...... **H** ... in punto

AVVERBI DI FREQUENZA

In dem Witz ist ein Adverb der Häufigkeit zu finden: sempre *(immer)*. **Schreiben Sie die richtigen Ausdrücke der Häufigkeit neben die Prozentangaben: di solito – raramente – mai – sempre – qualche volta – spesso.**

1. .... 100%
2. .... 80%
3. .... 60%
4. .... 30%
5. .... 10%
6. .... 0%

LÖSUNG
Che ore sono? / Che ora è?: 1. C, 2. E, 3. B, 4. A, 5. F, 6. G, 7. D, 8. H
Avverbi di frequenza: 1. sempre, 2. di solito, 3. spesso, 4. qualche volta, 5. raramente, 6. mai

63 LA SEGRETARIA ★

Il capoufficio alla segretaria:

Signorina, è libera domenica sera?[1]

Sì, certo![2]

Non ha nessun impegno?[3]

No, no, sono libera...![4]

Bene, allora cerchi di essere puntuale lunedì mattina![5]

Der Büroleiter zur Sekretärin: **1** „Junge Dame, haben Sie am Sonntagabend Zeit?". **2** „Ja, natürlich!". **3** „Haben Sie keine Pläne?". **4** „Nein, nein, ich habe nichts vor ...!". **5** „Gut, dann sehen Sie zu, dass Sie am Montagmorgen pünktlich sind!".

VERBI IN -CARE/-GARE

Bei den Verben auf -care und -gare, wie cercare, wird ein -h- vor der Endung -e und -i eingeschoben, damit die Aussprache von -c- und -g- erhalten bleibt, z. B. tu cerchi, noi cerchiamo, io cercherò, (Lei) cerchi. Ergänzen Sie die folgenden Sätze mit den richtigen Formen im Präsens.

1. Oggi *(pagare)* .... noi il pranzo!
2. Io gioco a calcio, e tu a cosa *(giocare)* ....?
3. Se volete, vi *(spiegare - noi)* .... la strada per il ristorante.
4. Sei così distratto! *(dimenticare)* .... sempre le chiavi di casa!

LE MANSIONI IN UFFICIO

Was sind die Aufgaben eines Büroleiters/einer Büroleiterin? Und die eines Assistenten/einer Assistentin? Kreuzen Sie an.

	CAPOUFFICIO	SEGRETARIO/-A
1. prenotare un volo aereo		
2. prendere una decisione importante		
3. prendere un appuntamento		
4. fare una riunione		
5. scrivere progetti		
6. passare una telefonata		

LÖSUNG
Verbi in -care/-gare: 1. paghiamo, 2. giochi, 3. spieghiamo, 4. Dimentichi
Le mansioni in ufficio: capoufficio: 2, 4, 5; segretario/-a: 1, 3, 6

64 LO STIPENDIO

Un impiegato di un ufficio al suo direttore:

Mi scusi, signor direttore, ma devo chiederle un aumento di stipendio. Ci sono ben tre imprese interessate a me.[1]

E quali?[2]

Quella del telefono, quella elettrica e quella del gas.[3]

Ein Büroangestellter zu seinem Vorgesetzten: **1** „Entschuldigen Sie bitte, Chef, aber ich muss Sie um eine Gehaltserhöhung bitten. Es gibt da drei Unternehmen, die an mir interessiert sind". **2** „Und welche?". **3** „Die Telefon-, die Strom- und die Gasgesellschaft".

IMPERATIVO FORMALE REGOLARE

Die Verbform "mi scusi" ist die Höflichkeitsform des Imperativs des Verbs scusarsi. Lesen Sie, wie der Imperativ in der Sie-Form gebildet wird, und ergänzen Sie dann die Befehle.

Infinitiv auf		Imperativ | Sie-Form
-are	→	-i
-ere	→	-a
-ire	→	-a

verneinte Form

non + **Imperativ**

1. *(aspettare)* .... qui, il direttore arriva subito.
2. Per quel documento, *(chiedere)*............................ in segreteria.
3. Mi *(parlare)* .... delle sue esperienze lavorative.
4. Non *(aprire)*............................ quel documento, è riservato!

CHI LO DICE?

Wer spricht? Ergänzen Sie die Lücken mit den folgenden Berufsbezeichnungen: infermiere/-a - maestro/-a - guida turistica - commesso/-a - giornalista.

1. ....: "Aprite il libro di matematica a pagina 25!".
2. ....: "Ora le misuro la febbre".
3. ....: "Questo vestito le sta benissimo!".
4. ....: "Le posso fare un'intervista?".
5. ....: "Questa chiesa è del Settecento".

LÖSUNG
Imperativo formale regolare: 1. Aspetti, 2. chieda, 3. parli, 4. apra
Chi lo dice?: 1. maestro/-a, 2. infermiere/-a, 3. commesso/-a, 4. giornalista, 5. guida turistica

65 NON SI FUMA ⋆★

Il capo entra in ufficio:

Vi ho già detto che quando si lavora non si fuma![1]

E chi sta lavorando?!?[2]

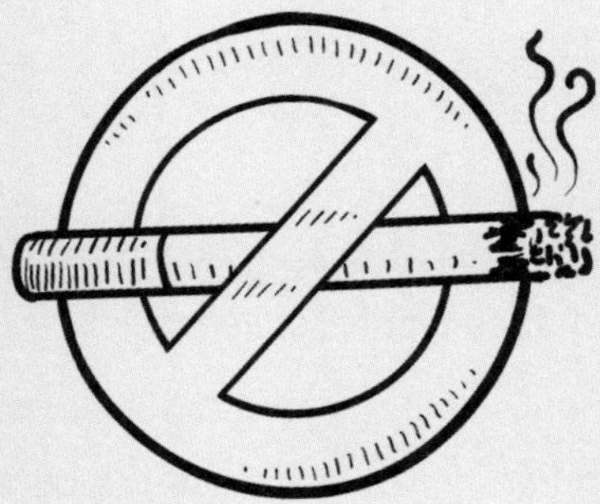

Der Chef kommt ins Büro: **1** „Ich habe euch doch schon gesagt, dass während der Arbeit nicht geraucht wird!". **2** „Wer arbeitet denn (gerade) hier?!?".

Um ein Verbot auszudrücken, werden auf Italienisch die Verben **dovere** und **potere** verneint: Sie bedeuten in diesem Fall *nicht dürfen.*
Qui non si può fumare. *(Hier darf man nicht rauchen.)*
Sonst kann man auch sagen: **Qui è vietato fumare.** *(Hier ist es verboten, zu rauchen.)*

IL "SI" IMPERSONALE

Bei „si lavora" und „si fuma" wird die unpersönliche si-Form benutzt, die dem deutschen „man" entspricht. Sehen Sie sich an, wie diese Konstruktion gebildet wird, und ergänzen Sie dann die Sätze.

In ufficio	**si**	**lavora** tanto.	ohne Bezugswort
	si	**accende** il pc.	mit Bezugswort im Singular
	si	**mandano** email.	mit Bezugswort im Plural

1. A un colloquio di lavoro *(arrivare)* .... puntuali.
2. In segreteria *(stampare)* .... molti documenti.
3. Per parlare con il direttore *(chiedere)* .... sempre un appuntamento.

I LUOGHI DI LAVORO

Finden Sie im Buchstabengitter heraus, wo die folgenden Personen arbeiten.

G	A	R	A	G	E	F	S	N
N	O	S	P	E	D	A	L	E
C	A	B	T	R	E	B	E	G
U	M	N	O	I	A	B	R	O
C	O	P	Z	B	A	R	A	Z
I	R	T	L	G	S	I	N	I
N	E	M	O	S	I	C	Z	O
A	S	C	U	O	L	A	P	I

1. commesso
2. infermiere
3. operaio
4. insegnante
5. meccanico
6. cuoco
7. cameriere

LÖSUNG
Il "si" impersonale: 1. si arriva, 2. si stampano, 3. si chiede
I luoghi di lavoro: 1. negozio, 2. ospedale, 3. fabbrica, 4. scuola, 5. garage, 6. cucina, 7. bar

66 PRUDENZA

★★

Una passeggera: Tassista sia prudente, sono madre di nove figli![1]

Tassista: E a me dice di essere prudente?[2]

Ein weiblicher Fahrgast: **1** „Seien Sie vorsichtig, ich bin Mutter von neun Kindern!".
Taxifahrer: **2** „Und da sagen Sie mir, ich soll vorsichtig sein?".

Sie sind in Italien und brauchen ein Taxi? Dann sollten Sie wissen, dass es in Italien seit 1993 nur noch weiße Taxis gibt. Das hat den Vorteil, dass das Fahrzeug beim Wiederverkauf nicht an Wert verliert. Ein Taxi ist nur frei, wenn das Schild auf dem Autodach leuchtet, sonst ist es schon besetzt oder auf dem Weg zu einem Fahrgast. In Italien ist es durchaus üblich ein vorbeifahrendes Taxi herbeizuwinken. Aber am besten gehen Sie zum nächsten Taxistand oder rufen die entsprechende Nummer an.

IMPERATIVO FORMALE IRREGOLARE

Im Witz 64 haben Sie die Höflichkeitsform des Imperativs gelernt. Einige Verben haben aber unregelmäßige Imperativformen wie z. B.: essere → sia; avere → abbia; fare → faccia; andare → vada; stare → stia; dare → dia. Ergänzen Sie nun die Aufforderungen, die die folgenden Personen hören könnten.

1. Panettiere: "Mi *(dare)* .... un chilo di pane".
2. Segretaria: "*(andare)* .... a chiamare il direttore".
3. Tassista: "*(fare)* .... attenzione! Il semaforo è rosso!".
4. Paziente: "*(stare)* .... tranquillo, ora la visito".

FEMMINILE DEI NOMI DI PERSONA E DI PROFESSIONE

Die meisten Personen- und Berufsbezeichnungen auf -o und -e haben eine weibliche Form auf -a. Einige haben jedoch andere Formen. Lesen Sie sie und finden Sie dann die weiblichen Formen zu den Bezeichnungen in der linken Spalte.

-tore	-trice
-ista	-ista
-ante	-ante
-ente	-ente

1. il consulente / la ....
2. il cantante / la ....
3. lo scrittore / la ....
4. il giornalista / la ....
5. il cassiere / la ....
6. il cuoco / la ....
7. il pittore / la ....

Ausnahmen: il professore / la professoressa; il dottore / la dottoressa; lo studente / la studentessa.

LÖSUNG
Imperativo formale irregolare: 1. dia, 2. Vada, 3. Faccia, 4. Stia
Femminile dei nomi di persona e di professione: 1. consulente, 2. cantante, 3. scrittrice, 4. giornalista, 5. cassiera, 6. cuoca, 7. pittrice

67 L'INDIANO ★★

Un indiano va all'ufficio del comune e dice all'impiegato: "Buongiorno; io mi chiamo Grande Cavallo di Ferro che sbuffa e corre su lunga strada ferrata distesa su immensa prateria, e sono qui perché vorrei cambiare nome".
"Bene, e come vorrebbe chiamarsi?".
"Treno!".

Ein Indianer geht zum Bürgerbüro des Rathauses und sagt zum Büroangestellten: „Guten Tag, ich heiße Großes Eisenpferd, das schnaubend auf langer beschlagener Straße rennt, die die riesige Prärie durchquert, und ich bin hier, weil ich gerne meinen Namen ändern möchte".
„Gut, und wie möchten Sie gerne heißen?".
„Zug!".

LA POSIZIONE DELL'AGGETTIVO

Adjektive, die <u>nach</u> einem Substantiv stehen, sind betont, haben eine unterscheidende Funktion und werden meistens im eigentlichen Sinne verwendet. Adjektive, die <u>vor</u> dem Substantiv stehen, sind unbetont, haben eine beschreibende Funktion und werden meistens im übertragenen Sinn verwendet.
<u>Immer nach dem Substantiv stehen</u>:
- Adjektive, die ein Unterscheidungsmerkmal bezeichnen, wie z. B. Nationalität, Farbe, Form;
- Partizipien, die als Adjektive dienen;
- Adjektive, die von Substantiven abgeleitet sind, oder bei Verkleinerungs- oder Vergrößerungsformen.
Unterstreichen Sie die korrekten Formen.

1. Ho conosciuto un **ragazzo tedesco** | **tedesco ragazzo**.
2. Daniele è un mio **caro amico** | **amico caro**.
3. Lavoro in una **piccolina stanza** | **stanza piccolina**.
4. Prendi questi **documenti stampati** | **stampati documenti**.

QUAL È LA SOLUZIONE?

Um seinen Namen ändern zu lassen, geht man ins Bürgerbüro. Und wohin geht man in der Regel mit den folgenden Anliegen? Verbinden Sie.

	PROBLEMA			SOLUZIONE
1.	Devo comprare un dolce.	....	A	Vado dal commercialista.
2.	Mi sono rotto un braccio.	....	B	Vado da un avvocato.
3.	È ora di pagare le tasse.	....	C	Vado in pasticceria.
4.	L'auto non parte più.	....	D	Vado al pronto soccorso.
5.	Mi voglio separare.	....	E	Vado da un meccanico.

LÖSUNG
La posizione dell'aggettivo: 1. ragazzo tedesco, 2. caro amico, 3. stanza piccolina, 4. documenti stampati
Qual è la soluzione?: 1. C, 2. D, 3. A, 4. E, 5. B

68 LA SORPRESA ⋆⋆

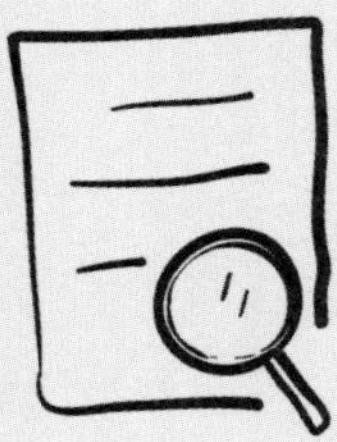

In treno due viaggiatori si stanno scambiando quattro chiacchiere. Il primo dice: “Io faccio il rappresentante”.
E racconta alcuni episodi legati alla sua attività.
“E lei, che cosa fa?” domanda poi.
L’altro risponde: “Io vivo di crimini: qualche furto, un po’ di rapine, assassinii...”.
Il primo viaggiatore sbianca in volto e si alza per scappare, ma l’altro aggiunge subito: “Sono un avvocato”.

Im Zug wechseln zwei Reisende ein paar Worte miteinander. Der eine sagt: „Ich bin Handelsvertreter" und erzählt einiges, was er im Rahmen seiner Tätigkeit erlebt hat. „Und Sie, was machen Sie?", fragt er dann.
Der andere antwortet: „Ich lebe von Verbrechen: einige Diebstähle, ein paar Überfälle, Morde ...".
Der erste Reisende wird ganz blass um die Nase und steht auf, um zu flüchten, aber der andere fügt gleich hinzu: „Ich bin Anwalt".

FARE QUATTRO CHIACCHIERE

Im Italienischen kommen die Zahlen in vielen Redewendungen vor. Ordnen Sie die Ausdrücke den passenden deutschen Entsprechungen zu.

1.	fare due passi	....	**A**	unter vier Augen
2.	fare quattro salti	....	**B**	im Nu
3.	su due piedi	....	**C**	ein paar Schritte gehen
4.	a quattr'occhi	....	**D**	aus dem Stand
5.	in quattro e quattro otto	....	**E**	das Tanzbein schwingen

AGGETTIVI INDEFINITI

Der Witz enthält zwei indefinite Adjektive, die gleichbedeutend sind: „alcuni episodi" und „qualche furto".
Aber:
- qualche *(einige / ein paar)* **wird nur im Singular gebraucht und ist unveränderlich;**
- alcuni/-e *(einige / ein paar)* **wird meistens im Plural verwendet.**

Schreiben Sie die Ausdrücke um, indem Sie qualche oder alcuni/-e benutzen.

1. qualche progetto – ....
2. .... – alcune mansioni
3. qualche email – ....
4. .... – alcuni documenti

LÖSUNG
Fare quattro chiacchiere: 1. C, 2. E, 3. D, 4. A, 5. B
Aggettivi indefiniti: 1. alcuni progetti, 2. qualche mansione, 3. alcune email, 4. qualche documento

69 L'INCIDENTE

Un tassista investe un pedone. Questo si rialza molto arrabbiato e dolorante e guardando in faccia il tassista si mette a urlare: "Ma non è possibile, ancora lei! Mi ha già investito ieri!".
"Mi scusi," risponde il tassista, "non l'avevo proprio riconosciuta...".

Ein Taxifahrer fährt einen Fußgänger an. Wutentbrannt und schmerzgeplagt richtet sich dieser wieder auf, sieht den Taxifahrer an und fängt an zu brüllen: „Das ist doch nicht möglich, Sie schon wieder! Sie haben mich doch gestern schon angefahren!". „Entschuldigung", antwortet der Taxifahrer, „ich hatte Sie wirklich nicht wiedererkannt ...".

IL TRAPASSATO PROSSIMO

Der Witz enthält eine neue Zeitform der Vergangenheit: das trapassato prossimo. Es entspricht dem deutschen Plusquamperfekt und wird für Handlungen verwendet, die vor anderen, vergangenen Handlungen stattgefunden haben. Das trapassato prossimo wird mit dem imperfetto der Hilfsverben avere bzw. essere und dem Partizip Perfekt gebildet: „non l'avevo riconosciuta". Ergänzen Sie nun die Sätze mit den vorgegebenen Verben im trapassato prossimo.

1. Marco era felice, perché *(trovare)* .... un nuovo lavoro.

2. Credevo di aver perso il portafoglio, ma lo *(lasciare)* .... a casa.

3. Quando il direttore mi ha telefonato, *(uscire)* .... appena .... dall'ufficio.

METTERSI

Das Verb mettersi ist ein besonderes Verb, das seine Bedeutung ändert, wenn es vor der Präposition a und einem Verb im Infinitiv verwendet wird. Normalerweise bedeutet es *sich setzen* **oder** *sich anziehen***, im Witz findet man jedoch die Konstruktion „si mette a urlare": In diesem Fall zeigt das Verb mettersi, dass die Handlung (urlare) genau in dem Moment beginnt. Die gleiche Bedeutung haben die Verben: iniziare a, cominciare a. Wählen Sie das richtige Satzende.**

1.	Per andare in ufficio mi metto	.... **A**	seduto accanto a te?
2.	Di solito di mattina mi metto	.... **B**	a lavorare presto.
3.	Posso mettermi	.... **C**	il tailleur.

LÖSUNG
Il trapassato prossimo: 1. aveva trovato, 2. avevo lasciato, 3. ero ... uscito/-a
Mettersi: 1. C, 2. B, 3. A

70 IL PRESIDENTE ★★★

Il presidente di una grande società chiama nel suo ufficio un suo dipendente: “Dunque, sei mesi fa sei stato assunto come fattorino, dopo due settimane sei stato promosso segretario, dopo due mesi direttore alle vendite e il mese scorso vice presidente. Ora vado in pensione e ho pensato di nominarti presidente della società. Accetti?”.
“Certo!”.
“È tutto quello che sai dire?”.
“Ah, scusa. Grazie papà”.

Der Vorsitzende eines großen Unternehmens ruft einen seiner Angestellten zu sich ins Büro: „Also, vor sechs Monaten wurdest du als Laufbursche eingestellt, nach zwei Wochen wurdest du zum Sekretär befördert, nach zwei Monaten zum Verkaufsleiter und vergangenen Monat zum stellvertretenden Vorsitzenden. Jetzt gehe ich in Pension und habe mir überlegt, dich zum Unternehmensleiter zu ernennen. Nimmst du die Stelle an?".
„Natürlich!".
„Ist das alles, was du sagen kannst?".
„Oh, entschuldige. Danke, Papa".

IL MONDO DEL LAVORO

Lesen Sie die Begriffe aus der Arbeitswelt und verbinden Sie sie mit den entsprechenden Erklärungen.

1. lo stipendio ....

2. lo stage ....

3. gli straordinari ....

4. il telelavoro ....

5. il contratto a tempo determinato ....

6. il colloquio ....

7. la pensione ....

A lavorare da casa

B ore di lavoro fuori dal normale orario

C periodo per imparare una professione

D rapporto di lavoro di una certa durata

E soldi ricevuti ogni mese per il proprio lavoro

F fase della vita in cui non si lavora più per limiti di età

G conversazione tra un datore di lavoro e un candidato

"DI" + INFINITO

Wenn Haupt- und Nebensatz das gleiche Subjekt haben, wird die Konstruktion di + Infinitiv verwendet, um Nebensätze zu ersetzen: „ho pensato di nominarti". Übersetzen Sie die folgenden Sätze ins Italienische.

1. Ich hoffe, bald den Job zu wechseln.

....

2. Mein Chef meint, dass er immer recht hat.

....

3. Matteo glaubt, dass er gut bezahlt wird.

....

LÖSUNG
Il mondo del lavoro: 1. E, 2. C, 3. B, 4. A, 5. D, 6. G, 7. F
"Di" + infinito: 1. Spero di cambiare presto lavoro. 2. Il mio capo crede di avere sempre ragione. 3. Matteo pensa di essere pagato bene.

71 AL CIMITERO

★★★

Al bar un tale dice a un amico:

Come mai ti sei licenziato dal posto di lavoro che avevi al cimitero? Non ti piaceva?[1]

No, per niente! Ovunque mi girassi vedevo scritto: “Qui riposa Tizio”, “qui riposa Caio”, “lì riposa Sempronio”... Ti pare giusto che dovessi lavorare solo io?[2]

In einer Bar fragt einer einen Freund: **1** „Wieso hast du eigentlich deinen Arbeitsplatz auf dem Friedhof gekündigt? Hat es dir nicht gefallen?“. **2** „Nein, überhaupt nicht! Wo ich mich auch hindrehte, überall stand: “Hier ruht Hinz”, “Hier ruht Kunz”, “Hier ruht Herr Sowieso” ... Findest du es (vielleicht) richtig, dass ich als einziger arbeiten musste?“.

IL CONGIUNTIVO IMPERFETTO REGOLARE

Die Formen des congiuntivo presente haben Sie ja bereits kennengelernt. Hier geht es nun um den congiuntivo imperfetto. Er wird in Nebensätzen verwendet, wenn das Verb des Hauptsatzes in der Vergangenheit steht, und zwei Handlungen gleichzeitig ablaufen. Sehen Sie sich die Tabelle an und ergänzen Sie dann die Sätze im congiuntivo imperfetto.

	gir**are**	dov**ere**	sent**ire**
io	gir**assi**	dov**essi**	sent**issi**
tu	gir**assi**	dov**essi**	sent**issi**
lui, lei, Lei	gir**asse**	dov**esse**	sent**isse**
noi	gir**assimo**	dov**essimo**	sent**issimo**
voi	gir**aste**	dov**este**	sent**iste**
loro	gir**assero**	dov**essero**	sent**issero**

1. Speravo che Luca *(finire)* .... in tempo quel lavoro.
2. Non immaginavo che mi *(loro - rispondere)* .... subito.
3. Non credevo che *(tu - lavorare)* .... fino a tardi.

SODDISFATTO O NO?

Sind die folgenden Personen mit ihren Arbeitsbedingungen zufrieden oder nicht? Kreuzen Sie an.

	☺	☹
1. "Il mio stipendio è alto, ho un ufficio tutto per me e ho un buon rapporto con i colleghi".	●	●
2. "Il mio lavoro è vario e interessante, devo fare i turni di notte, ma sono pagato bene".	●	●
3. "Mi pagano poco, devo fare molti straordinari e i miei compiti sono ripetitivi".	●	●

LÖSUNG
Il congiuntivo imperfetto regolare: 1. finisse, 2. rispondessero, 3. lavorassi
Soddisfatto o no?: 1. ☺, 2. ☺, 3. ☹

72 IL VERBO STUDIARE ★

La maestra: Pierino che tempo è questo? Io studio, tu studi, lui studia, noi studiamo, voi studiate, loro studiano?[1]

Die Lehrerin: **1** „Pierino, was ist das hier für eine Zeit? Ich lerne, du lernst, er lernt, wir lernen, ihr lernt, sie lernen?". **2** „Vergeudete Zeit, Frau Lehrerin!".

Der kleine Pierino ist der unbestrittene Held italienischer Witze: Ähnlich wie das deutsche Fritzchen nimmt er kein Blatt vor den Mund, er ist frech, witzig und unverschämt im Umgang mit Eltern und Lehrern. Gerade deshalb ist Pierino eine der beliebtesten Witzfiguren Italiens.

AZIONI A SCUOLA

Finden Sie im Buchstabengitter acht Tätigkeiten, die in einer Schulklasse gemacht werden.

I	L	S	P	I	E	G	A	R	E
L	F	C	O	N	T	A	R	E	O
E	V	R	B	S	R	E	R	C	R
G	U	I	N	E	U	A	I	O	I
G	C	V	P	G	V	A	M	L	B
E	O	E	T	N	Z	S	P	O	G
R	D	R	M	A	Q	I	L	R	S
E	H	E	C	R	I	L	A	A	O
F	D	I	S	E	G	N	A	R	E
Z	I	M	P	A	R	A	R	E	V

IL PRESENTE INDICATIVO DEI VERBI IN -ARE, -ERE, -IRE

Pierino hat die Frage seiner Lehrerin wörtlich genommen! Er hätte antworten müssen, dass es die Zeitformen des Präsens Indikativ waren. Sehen Sie sich die Tabelle an und ergänzen Sie dann die Sätze im Präsens.

	ascolt**are**	legg**ere**	scopr**ire**
io	ascolt**o**	legg**o**	scopr**o**
tu	ascolt**i**	legg**i**	scopr**i**
lui, lei, Lei	ascolt**a**	legg**e**	scopr**e**
noi	ascolt**iamo**	legg**iamo**	scopr**iamo**
voi	ascolt**ate**	legg**ete**	scopr**ite**
loro	ascolt**ano**	legg**ono**	scopr**ono**

1. Pierino *(scrivere)* .... una frase alla lavagna.

2. I bambini *(disegnare)* .... una casa.

3. Marco, mi *(offrire)* .... un pezzo della tua merenda?

LÖSUNG

Azioni a scuola: waagerecht: spiegare, contare, disegnare, imparare; senkrecht: leggere, scrivere, insegnare, colorare

Il presente indicativo dei verbi in -are, -ere, -ire: 1. scrive, 2. disegnano, 3. offri

73 CIBO PER LA MENTE ★

La mamma: Pierino, sai che cos'è lo studio?[1]

Sì, mamma, cibo per la mente. Però oggi sono a dieta![2]

Die Mutter: **1** „Pierino, weißt du, was Lernen ist?". **2** „Ja, Mama, Nahrung für den Geist. Heute bin ich aber auf Diät!".

74 NELLA FRASE ★

La maestra: Pierino, nella frase "il medico cura il paziente", dov'è il soggetto?[1]

All'ospedale, signora maestra![2]

Die Lehrerin: **1** „Pierino, wo ist das Subjekt im Satz ‚der Arzt heilt den Pazienten'?". **2** „Im Krankenhaus, Frau Lehrerin!".

GLI OGGETTI DELLA SCUOLA

Ordnen Sie jedem Bild das passende Wort zu.

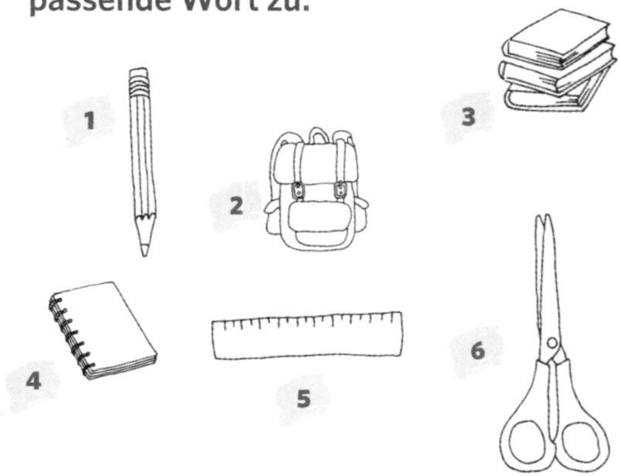

...... **A** libri

...... **B** forbici

...... **C** righello

...... **D** quaderno

...... **E** zaino

...... **F** matita

LA PREPOSIZIONE "IN" + ARTICOLO

Die Präposition in verschmilzt mit dem bestimmten Artikel zu einem Wort. Sehen Sie sich die vorgegebenen Formen an und ergänzen Sie die Sätze mit der Präposition in + Artikel.

in	+	il	i	=	nel	nei
		lo	gli		nello	negli
		l'	le		nell'	nelle
		la			nella	

1. I libri sono .... zaino.

2. .... classe di mio figlio sono in 20.

3. Le matite colorate sono .... astuccio.

LÖSUNG
Gli oggetti della scuola: 1. F, 2. E, 3. A, 4. D, 5. C, 6. B
La preposizione "in" + articolo: 1. nello, 2. Nella, 3. nell'

75 HO PRESO 10! ★★

Pierino va dal padre e gli dice:

Papà, oggi a scuola ho preso 10![1]

Che bravo! E in quale materia?[2]

5 in scienze, 4 in geografia e 1 in inglese![3]

Pierino geht zu seinem Vater und sagt: **1** „Papa, heute habe ich in der Schule eine 10 bekommen (= *deutsche Note 1*)!". **2** „Toll gemacht! Und in welchem Fach?". **3** „Eine 5 (= *deutsche Note 5*) in Naturwissenschaften, eine 4 (= *deutsche Note 6*) in Erdkunde und eine 1 (= *deutsche Note 6*) in Englisch!".

In Italien werden die Leistungen der Schüler mit Noten von 0 bis 10 bewertet, wobei 10 die beste und 0 die schlechteste Note ist! Jedoch müssen die Schüler die Note 6 erreichen, um das Minimum der Leistung zu erbringen. Hier sehen Sie die beiden Notensysteme im Vergleich:

Italien	Deutschland
9 bis 10	1
8	2
7	3
6	4
5	5
0 bis 4	6

I PARTICIPI PASSATI IRREGOLARI

Viele italienische Verben (besonders die Verben der 2. Konjugation auf -ere) haben unregelmäßige Partizipien, die nicht auf -ato, -uto und -ito enden, wie z. B. prendere - preso. Leider gibt es keine Regel, Sie sollten sie also auswendig lernen. Was ist das richtige Partizip? Kreuzen Sie an.

1. La maestra ha .... un esercizio.
- ○ **A** scritto
- ○ **B** scrivato

2. I bambini hanno .... alla domanda.
- ○ **A** risponduto
- ○ **B** risposto

3. Hai .... i libri nello zaino?
- ○ **A** messo
- ○ **B** mettuto

4. Il maestro ha .... una poesia di Leopardi.
- ○ **A** letto
- ○ **B** leggo

LE MATERIE SCOLASTICHE

Lösen Sie das Kreuzworträtsel. Tragen Sie die Namen der Fächer ein, die man in der Grundschule lernt.

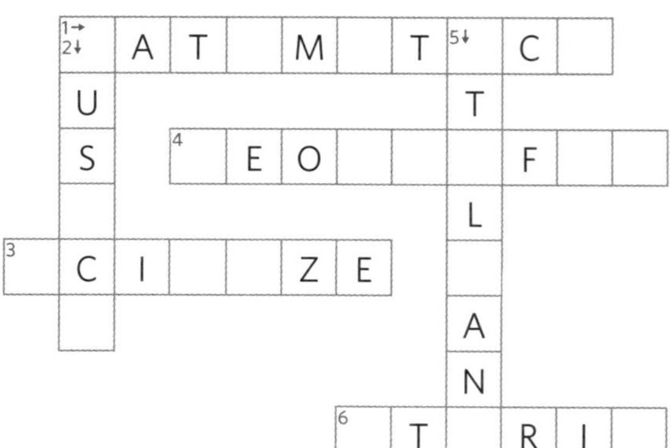

LÖSUNG
I participi passati irregolari: 1. A, 2. B, 3. A, 4. A
Le materie scolastiche: 1. matematica, 2. musica, 3. scienze, 4. geografia, 5. italiano, 6. storia

76 I COMPITI

Pierino: Signora maestra, si può punire uno per una cosa che non ha fatto?[1]

No di certo![2]

Bene, allora non ho fatto i compiti![3]

Pierino: **1** „Frau Lehrerin, darf man jemanden für etwas bestrafen, das er nicht getan hat?". **2** „Nein, auf gar keinen Fall!". **3** „Gut, also ich habe die Hausaufgaben nicht gemacht!".

77 PER COLAZIONE

La mamma: Pierino, perché hai ingoiato i soldi che ti ho dato stamattina?[1]

Ma mamma, mi avevi detto che erano per la colazione![2]

Die Mutter: **1** „Pierino, warum hast du das Geld hinuntergeschluckt, das ich dir heute Morgen gegeben habe?". **2** „Aber Mama, du hattest mir gesagt, es sei fürs Frühstück!".

COME È FATTA UNA CLASSE?

Wie sieht ein Klassenzimmer aus? Verbinden Sie die Erklärungen mit dem entsprechenden Begriff.

1. i bambini lo usano per scrivere e per leggere		........A	la cattedra
2. il posto dove sta seduta la maestra		........B	la lavagna
3. è appesa alla parete e raffigura il mondo		C	la carta geografica
4. qui si scrivono gli esercizi e le regole con il gesso	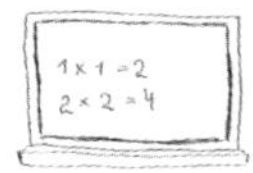	........D	il banco

IL PRONOME RELATIVO "CHE"

In den Witzen finden Sie zwei Sätze, die das Relativpronomen che enthalten, das unveränderlich ist und sich auf Personen und Sachen im Singular und Plural beziehen kann: „che non ha fatto" und „che ti ho dato stamattina". Es wird als Subjekt oder als direktes Objekt des Nebensatzes benutzt. Verbinden Sie die folgenden Sätze miteinander, indem Sie che verwenden.

1. Vado a trovare una mia compagna. Lei abita qui vicino.

   ....

2. Correggiamo l'esercizio. Avete fatto l'esercizio a casa.

   ....

3. Mi passi la gomma? La gomma è sul banco.

   ....?

LÖSUNG
Come è fatta una classe?: 1. D, 2. A, 3. C, 4. B
Il pronome relativo "che": 1. Vado a trovare una mia compagna che abita qui vicino, 2. Correggiamo l'esercizio che avete fatto a casa, 3. Mi passi la gomma che è sul banco

78 LA PAGELLA ★★

Pierino chiede al papà:

Papà, hai mai scritto il tuo nome a occhi chiusi?[1]

No, ma ci posso provare, perché?[2]

Perché è arrivato il momento di firmare la pagella![3]

Pierino fragt seinen Vater: **1** „Papa, hast du deinen Namen schon einmal mit geschlossenen Augen geschrieben?". **2** „Nein, ich kann es aber versuchen. Wieso?". **3** „Weil jetzt der Moment wäre, das Schulzeugnis zu unterschreiben!".

Die Redewendung „**a occhi chiusi**" kann auch im übertragenen Sinn verwendet werden und bedeutet in diesem Fall „(wie) im Schlaf". Hier noch weitere Ausdrücke mit der Präposition **a**, die mit dem Lernen zu tun haben:
imparare a memoria *(auswendig lernen)*
parlare a braccio *(frei sprechen)*
ripetere ad alta voce *(laut wiederholen).*

VERBI AUSILIARI: “ESSERE” O “AVERE”?

Mit den Hilfsverben **essere** und **avere** werden die zusammengesetzten Zeiten gebildet.
Das Hilfsverb **avere** wird u. a. verwendet mit:
- allen Verben mit einem direkten Objekt, z. B.: **Ho scritto il mio nome a occhi chiusi;**
- manchen Verben ohne direktes Objekt, z. B.: **Pierino ha studiato troppo poco.**

Das Hilfsverb **essere** wird u. a. verwendet mit:
- den meisten Verben ohne direktes Objekt, mit reflexiven Verben und oft zusammen mit Verben, die eine Bewegung, einen Zustand oder Zustandswechsel ausdrücken, z. B.: **Pierino è arrivato a scuola presto.**

Ergänzen Sie nun die folgenden Sätze mit den richtigen, konjugierten Hilfsverben.

1. Maestra, può ripetere per favore? Non .... capito.
2. Stefano, a che ora .... uscito stamattina?
3. Vi .... divertiti oggi a scuola?
4. Mamma, guarda! .... fatto un bel disegno per te!

I LUOGHI DELLA SCUOLA

Finden Sie in der Buchstabenkette die Namen der verschiedenen Räume einer Schule. Mit den restlichen Buchstaben finden Sie heraus, wie die „große Pause“ auf Italienisch heißt.

PALESTRARICORTILECRBIBLIOTECAEALABORATORIOZIAULAONMENSAE

Lösungswort: la ....

LÖSUNG
Verbi ausiliari: “essere” o “avere”?: 1. ho, 2. sei, 3. siete, 4. Ho
I luoghi della scuola: palestra, cortile, biblioteca, laboratorio, aula, mensa; Lösungswort: ricreazione

79 COPIARE ★★

Pierino a una compagna:

Come è andato il compito in classe?[1]

Male, ho consegnato il foglio in bianco![2]

Accidenti, anch'io... la maestra penserà che abbiamo copiato![3]

Pierino zu einer Mitschülerin:
1 „Wie ist die Klassenarbeit gelaufen?". **2** „Schlecht, ich habe das Blatt leer abgegeben!". **3** „Vedammt, ich auch ... Die Lehrerin wird denken, dass wir abgeschrieben haben!".

ANCH'IO

Um eine Gemeinsamkeit auszudrücken, antwortet man mit anch'io *(ich auch)*, **wie Pierino im Witz. Sonst hätte er io invece no** *(ich dagegen nicht)* **antworten müssen. Wenn man einen verneinten Satz beantwortet, benutzt man die Wendungen: neanch'io** *(ich auch nicht)* **oder io invece sì** *(ich dagegen schon)*. **Ergänzen Sie die Dialoge (mit + ist die Antwort positiv, mit – ist sie negativ).**

1. Ho finito i compiti, e tu? (+) ...., andiamo a giocare!
2. Non ho ancora studiato la poesia, e tu? (–) ...., lo facciamo insieme?
3. Ho fatto tutti gli esercizi di grammatica, e tu? (–) ...., mi aiuti?
4. Non ho mai preso un brutto voto, e tu? (+) ...., oggi per esempio ho preso 5 in matematica...

IN BIANCO

Die am häufigsten verwendete Farbe in italienischen Redewendungen ist Weiß. Ordnen Sie den Wendungen die deutschen Entsprechungen zu.

1.	firmare in bianco	........A	plötzlich
2.	mettere nero su bianco	........B	eine schlaflose Nacht
3.	mangiare in bianco	C	blanko unterschreiben
4.	una notte in bianco	........D	Schonkost essen
5.	di punto in bianco	........E	schriftlich festhalten

LÖSUNG
Anch'io: 1. Anch'io, 2. Neanch'io, 3. Io invece no, 4. Io invece sì
In bianco: 1. C, 2. E, 3. D, 4. B, 5. A

80 IL RISPARMIO ★★

La mamma a Pierino: “Se prendi un bel voto a scuola ti do dieci euro”.
Il giorno dopo Pierino va dalla mamma: “Ho una bella notizia”.
E la mamma: “Hai preso un bel voto?”.
“No, hai risparmiato dieci euro”.

Die Mutter zu Pierino: “Wenn du in der Schule eine gute Note bekommst, gebe ich dir zehn Euro”.
Am nächsten Tag geht Pierino zu seiner Mutter: “Ich habe eine gute Nachricht”.
Und die Mutter: “Hast du eine gute Note bekommen?”.
“Nein, du hast zehn Euro gespart”.

Das Schulsystem in Italien ist in mehrere Stufen unterteilt. Zunächst besuchen die meisten italienischen Kinder zwischen drei und sechs Jahren die **scuola materna** oder den **asilo** *(Kindergarten)*. Mit sechs Jahren kommt man für fünf Jahre in die **scuola primaria** oder **le elementari** *(Grundschule)* und dann für drei Jahre in die **scuola secondaria di primo grado** bzw. **le medie**. Anschließend beginnt die **scuola secondaria di secondo grado** bzw. **le superiori**, die nach Abschluss der Schulpflicht bis zum Abitur führen.

LA FRASE IPOTETICA DELLA REALTÀ

Der Bedingungssatz enthält Voraussetzungen, unter denen bestimmte Handlungen oder Ereignisse stattfinden. Er besteht aus zwei Teilen: 1. der Bedingung, die durch se eingeleitet wird, und 2. der Folge. Grundsätzlich sind drei Arten von Bedingungssätzen, abhängig vom Grad der Wahrscheinlichkeit, zu unterscheiden. Im Satz „se prendi un bel voto, ti do dieci euro" sind die Bedingung und die Folge potenziell erfüllbar. Es handelt sich um eine reale Hypothese, die so gebildet wird:

se + indicativo (presente, futuro) … + indicativo (presente, futuro)

se + indicativo (presente, futuro) … + imperativo

Ergänzen Sie diese realen Bedingungssätze mit der richtigen Form der in Klammern angegebenen Verben.

1. Se studiate con impegno, *(passare)* .... sicuramente l'esame.
2. Se finisci presto i compiti, *(noi - potere)* .... andare al parco.
3. Se nella pausa hai fame, *(mangiare)* .... qualcosa!

Passare un esame ist eine Wendung und bedeutet *eine Prüfung bestehen.*

LÖSUNG
La frase ipotetica della realtà: 1. passerete, 2. possiamo, 3. mangia

81 I PROBLEMI

★★★

La maestra di matematica dice a Pierino: “Pierino dove hai messo il quaderno di matematica?”. Pierino guarda la maestra e risponde: “L’ho portato dal dottore, aveva troppi problemi”.

Die Mathematiklehrerin sagt zu Pierino: “Pierino, wo hast du dein Matheheft hingetan?”. Pierino schaut die Lehrerin an und antwortet: “Ich habe es zum Arzt gebracht, es gab zu viele Probleme (bzw. Rechenaufgaben) darin”.

l’operazione
Rechnung

il risultato
Ergebnis

l’addizione
Addition

$$a^2 + b^2 = c^2$$

la sottrazione
Subtraktion

la divisione
Division

la moltiplicazione
Multiplikation

PASSATO PROSSIMO E IMPERFETTO

Diese beiden Vergangenheitsformen werden sowohl in schriftlichen als auch mündlichen Erzählungen verwendet. Ihr Gebrauch unterscheidet sich wie folgt:

Mit dem **imperfetto** beschreibt man die Begleitumstände und den Hintergrund eines vergangenen Geschehens, also wiederholte oder gewohnheitsmäßige Handlungen, Personen, Sachen und Zustände. Das Geschehen wird in seinem Verlauf, ohne ein zeitliches Ende dargestellt wie z. B. **il quaderno di matematica aveva troppi problemi**. Das **imperfetto** antwortet auf die Fragen: Was war? Wie war es?

Im **passato prossimo** stehen die eigentliche Handlung oder mehrere aufeinanderfolgende Handlungen, die meist nur einmalig und nur zu einem bestimmten Zeitpunkt stattfinden. Die Handlungen werden als zeitlich abgeschlossen dargestellt wie z. B. **l'ho portato dal dottore**. Das **passato prossimo** antwortet auf die Fragen: Was ist passiert? Was hat jemand gemacht?

Imperfetto oder **passato prossimo**? **Ergänzen Sie!**

1. Da piccola, Anna *(abitare)* .... in campagna, *(essere)* .... una ragazza timida e non *(avere)* .... amici.
2. Poi a un certo punto *(cambiare)* .... scuola e *(conoscere)* .... nuovi compagni con cui *(fare)* .... subito amicizia!

LÖSUNG
Passato prossimo e imperfetto: 1. abitava, era, aveva; 2. ha cambiato, ha conosciuto, ha fatto

82 DORMIRE IN CLASSE

★★★

"Pierino, lo sai che non si può dormire in classe!".
"Lo so, signora maestra, ma se lei parlasse un po' meno si potrebbe!".

"Pierino, du weißt doch, dass man während des Unterrichts nicht schlafen darf!".
"Ich weiß, Frau Lehrerin, aber man könnte es, wenn Sie etwas weniger reden würden!".

LA FRASE IPOTETICA DELLA POSSIBILITÀ

Wenn in einem Bedingungssatz die Bedingung und die Folge möglich, aber nicht sehr realistisch sind, handelt es sich um eine mögliche Hypothese wie im Satz „se lei parlasse un po' meno, si potrebbe", die so gebildet wird:

se + congiuntivo imperfetto	…	+ condizionale presente

Ergänzen Sie diese potenziellen Bedingungssätze mit der jeweils richtigen Form der in Klammern angegebenen Verben.

1. Se *(tu - svegliarsi)* .... prima la mattina, non *(arrivare)* .... sempre tardi a scuola.

2. Se *(io - studiare)* .... di più, *(essere)* .... il primo della classe.

3. Se la maestra *(spiegare)* .... più lentamente, *(noi - capire)* .... meglio le regole.

4. Se oggi *(fare)* .... bello, *(noi - potere)* .... andare in centro dopo la scuola.

Die Lehrer werden von den italienischen Schülern nicht wie in Deutschland mit ihren Nachnamen *(Herr Müller / Frau Weber)* angesprochen, sondern in der Grundschule einfach **maestro/-a** und in der weiterführenden Schule **professore/-essa** genannt. Das wird in der Schülersprache oft mit **prof** abgekürzt: **il/la prof di inglese** *(der/die Englischlehrer/in)*.

LÖSUNG
La frase ipotetica della possibilità: 1. ti svegliassi, arriveresti; 2. studiassi, sarei; 3. spiegasse, capiremmo; 4. facesse, potremmo

83 ALLA GENOVESE ★

Che tipo di olio usa la massaia genovese?[1]

L'olio della vicina![2]

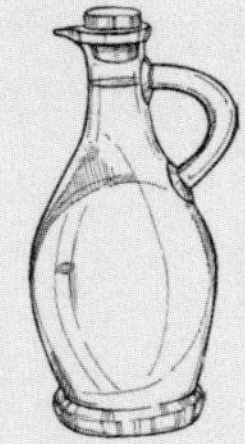

1 Welches Öl benutzt die genuesische Hausfrau? **2** Das Öl der Nachbarin!

84 IL PICNIC ★

Un americano, un francese e uno scozzese vanno a fare un picnic. L'americano: "Io porto il pane". Il francese: "Io porto il vino". Lo scozzese: "Io porto mio fratello".

Ein Amerikaner, ein Franzose und ein Schotte wollen ein Picknick machen. Der Amerikaner: „Ich bringe das Brot mit". Der Franzose: „Ich den Wein". Der Schotte: „Ich bringe meinen Bruder mit".

L'ARTICOLO DETERMINATIVO

Entscheidend für die Form des bestimmten Artikels sind Genus und Anfangsbuchstabe des Bezugswortes. Sehen Sie sich die Übersicht an und ergänzen Sie dann in der Tabelle den bestimmten Artikel.

- il – vor Wörtern, die mit Konsonant beginnen
- l' – vor Wörtern, die mit Vokal oder **h** beginnen
- lo – vor Wörtern, die mit **s** + Konsonant, **z**, **ps**, **pn**, **gn**, **x** oder **y** beginnen

- i – vor Wörtern, die mit Konsonant beginnen
- gli – vor Wörtern, die mit Vokal oder **h**, **s** + Konsonant, **z**, **ps**, **pn**, **gn**, **x** oder **y** beginnen

- la – vor Wörtern, die mit Konsonant beginnen
- l' – vor Wörtern, die mit Vokal beginnen

- le – vor allen Wörtern!

singolare	plurale
1. ...... piatto	...... piatti
2. ...... bottiglia	...... bottiglie
3. ...... spumante	...... spumanti
4. ...... insalata	...... insalate
5. ...... arrosto	...... arrosti

Die Genuesen sind sozusagen die „Schotten" unter den Italienern. Man sagt Ihnen nach, sie seien besonders geizig. Solche Klischees halten natürlich im echten Leben keiner Prüfung stand. Bei aller Selbstironie sind die Genuesen sicherlich nicht gerade begeistert, wenn sich ihre Landsleute in solchen „Sparwitzen" regelmäßig über sie lustig machen.

LÖSUNG
L'articolo determinativo: 1. il / i, 2. la / le, 3. lo / gli, 4. l' / le, 5. l' / gli

85 IL PARADISO ★

Paradiso: luogo in cui 1) i meccanici sono tedeschi; 2) i vigili inglesi; 3) i cuochi francesi; 4) gli amanti italiani 5) e tutto è organizzato dagli svizzeri.
Inferno: luogo in cui 1) i meccanici sono francesi; 2) i vigili tedeschi; 3) i cuochi inglesi; 4) gli amanti svizzeri 5) e tutto è organizzato dagli italiani!

Das Paradies: ein Ort, an dem 1) die Mechaniker Deutsche sind; 2) die Polizisten Engländer; 3) die Köche Franzosen; 4) die Liebhaber Italiener 5) und alles von den Schweizern organisiert wird.
Die Hölle: ein Ort, an dem 1) die Mechaniker Franzosen sind; 2) die Polizisten Deutsche; 3) die Köche Engländer; 4) die Liebhaber Schweizer 5) und alles von den Italienern organisiert wird!

LE NAZIONALITÀ

Im Witz kommen einige Nationalitätsbezeichnungen vor. Auf Italienisch gibt es keinen Unterschied zwischen dem Adjektiv (La mia nazionalità è <u>italiana</u>. *Meine Nationalität ist italienisch.***) und dem Substantiv (Sono <u>italiana</u>.** *Ich bin Italienerin.***). Vervollständigen Sie die Tabelle mit dem entsprechenden Land oder Adjektiv (in der männlichen Form).**

1.	Italia	....
2.	....	greco
3.	Francia	....
4.	....	irlandese
5.	Spagna	....
6.	....	giapponese
7.	Olanda	....
8.	....	brasiliano
9.	Canada	....
10.	....	messicano

Sind Italiener wirklich unorganisiert, die Deutschen fleißig und die Spanier heißblütig? Angebliche „nationale Eigenarten" werden gern in Witzen aufgegriffen, und das kann ja durchaus amüsant sein. Mit der wahren Persönlichkeit der Menschen haben sie aber natürlich nichts zu tun. Diese kulturellen Klischees sollte man also besser nicht ernst nehmen oder überbewerten.

LÖSUNG

Le nazionalità: 1. italiano, 2. Grecia, 3. francese, 4. Irlanda, 5. spagnolo, 6. Giappone, 7. olandese, 8. Brasile, 9. canadese, 10. Messico

86 IN TAZZA PULITA ★

Una coppia di turisti inglesi entra in un bar di Napoli.
Il cameriere chiede: “Cosa desiderate?”.
La donna dice: “Io vorrei un tè, per favore”.
Il marito dice: “Anch’io vorrei un tè, ma mi raccomando, la tazza deve essere pulita!”.
Il cameriere allora ordina al barista: “Due tè. Uno in tazza pulita!”.

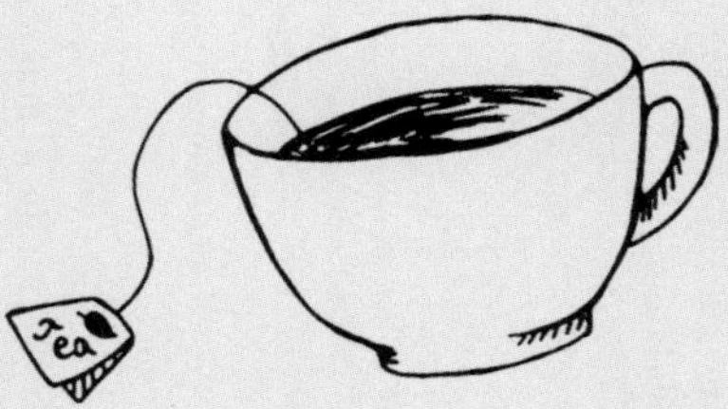

Ein englisches Touristen-Pärchen betritt in Neapel eine Bar. Der Kellner fragt: „Was wünschen Sie?“. Die Frau sagt: „Ich hätte gerne einen Tee, bitte“. Der Ehemann sagt: „Ich hätte auch gern einen Tee, aber bitte achten Sie darauf, dass die Tasse sauber ist!“. Der Kellner gibt also beim Barmann die Bestellung auf: „Zweimal Tee. Einmal in sauberer Tasse!“.

Der italienische Espresso-Kaffee mit seinen vielen Variationen von **espresso macchiato** über **cappuccino** bis hin zum **latte macchiato** hat mittlerweile die ganze Welt erobert. Wenn Sie einmal in der Hauptstadt des Espressos, in Neapel, sind, dann sollten Sie sich ein wirklich einzigartiges Kaffee-Erlebnis nicht entgehen lassen!

FARE UN'ORDINAZIONE

Um in einem Café oder Restaurant etwas zu bestellen, brauchen Sie folgende Ausdrücke: Vorrei... / lo prendo... / Per me... Bringen Sie nun den Dialog zwischen einem Gast und der Kellnerin in die richtige Reihenfolge.

1. Da bere vorrei una spremuta d'arancia.
2. Buongiorno signora, vuole ordinare?
3. Benissimo. Arrivo subito.
4. E da bere cosa le porto?
5. Sì. Allora... prendo un'insalata mista.

Richtige Reihenfolge: ....

PLURALE INVARIATO

Substantive, die auf einen Akzent oder Konsonanten enden, bleiben im Plural unverändert wie z. B. il tè - i tè, il bar - i bar. Was wurde an Tisch 2 bestellt? Lesen Sie die Bestellungen hier unten und vervollständigen Sie dann den Zettel mit den folgenden Wörtern im Plural: panino - toast - tiramisù - caffè - amaro.

TAVOLO 2

1. due p..........................
2. tre t..........................
3. due t..........................
4. cinque c......................
5. tre a..........................

LÖSUNG
Fare un'ordinazione: 2, 5, 4. 1, 3
Plurale invariato: 1. panini, 2. toast, 3. tiramisù, 4. caffè, 5. amari

87 IN PASTICCERIA ★

Un genovese entra in una pasticceria:

Mi scusi, quanto costano quelle scatole di cioccolatini?[1]

Beh... tutte e due insieme costano quindici euro.[2]

E una sola?[3]

Dieci euro...[4]

Allora prendo l'altra![5]

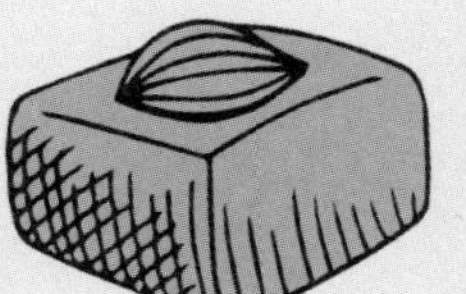

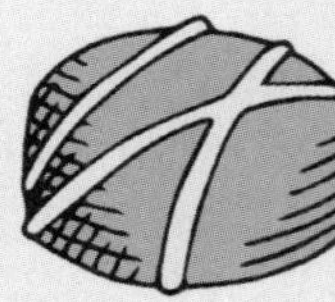

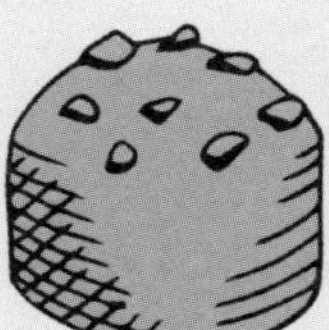

Ein Genuese betritt eine Konditorei:
1 „Entschuldigen Sie, wie viel kosten die Pralinenschachteln dort?". **2** „Also ... die beiden zusammen kosten fünfzehn Euro".
3 „Und nur eine?". **4** „Zehn Euro ...".
5 „Dann nehme ich die andere!".

L'AGGETTIVO "QUELLO"

Das Demonstrativadjektiv quello *(jener, der dort)* **verwendet man für Sachen oder Personen, die vom Sprecher weiter entfernt sind. Die Formen enden wie der bestimmte Artikel. Sehen Sie sich die verschiedenen Formen an und ergänzen Sie die Sätze, die man in einer italienischen Konditorei sagen kann.**

1. Prendo .... strudel di mele.
2. Quanto costano .... pizzette?
3. .... dolce è con la panna?
4. Mi può dare .... torta alla frutta?
5. .... panini sono dolci o salati?

IN PASTICCERIA

In Verbindung mit Geschäften benutzt man die Präposition in ohne Artikel bei Orten, die auf -ia und -teca enden, wie z. B. in pasticceria. Aber beachten Sie: <u>al</u> supermercato / <u>al</u> mercato / <u>al</u> centro commerciale. Wo kauft man was? Ordnen Sie zu.

1. il salmone e il tonno	....	**A**	in enoteca
2. una bottiglia di vino	....	**B**	in panetteria
3. un chilo di pane	....	**C**	in gelateria
4. quattro fette di carne	....	**D**	in pescheria
5. una vaschetta di gelato	....	**E**	in macelleria

LÖSUNG
L'aggettivo "quello": 1. quello, 2. quelle, 3. Quel, 4. quella, 5. Quei
In pasticceria: 1. D, 2. A, 3. B, 4. E, 5. C

88 LO ZUCCHERO ★★

Un genovese porge qualcosa a un facchino che gli ha portato le valigie in camera dicendogli: "Si prenda un caffè...".
E quello stupito: "Ma... è una bustina di zucchero!".
Il genovese infastidito: "Ah beh... se lo preferisce amaro, me la riprendo!".

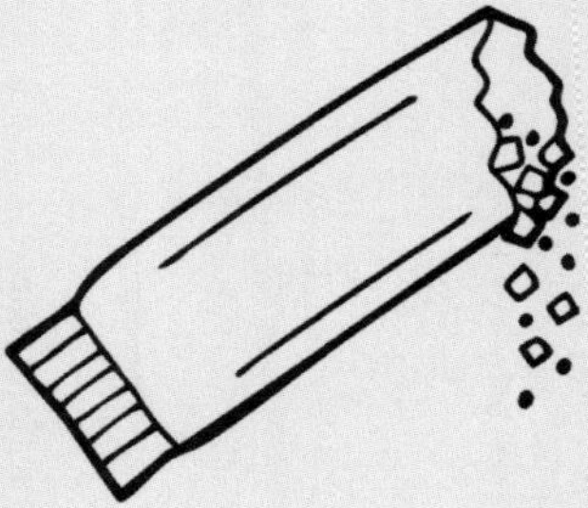

Ein Genuese streckt einem Hotelangestellten, der ihm die Koffer ins Zimmer getragen hat, die Hand hin, um ihm etwas zu geben und sagt: „Für einen Kaffee ...".
Dieser (entgegnet) überrascht: „Aber ... das ist ja ein Zuckertütchen!".
Der Genuese genervt: „Na ja ..., wenn Sie ihn lieber schwarz trinken, dann nehme ich es gern zurück!".

la reception
Rezeption

l'ascensore
Aufzug

la sala da pranzo
Speisesaal

il piano
Stock

la camera doppia
Doppelzimmer

la camera singola
Einzelzimmer

IL PLURALE DEI SOSTANTIVI FEMMINILI IN -CIA/-GIA

Sehen Sie sich dieses Schaubild an und ergänzen Sie die jeweils korrekte Pluralform der Substantive.

-cia -gia mit betontem **i** → -cie -gie

-cia -gia mit unbetontem **i** → -cie -gie wenn dem **c** und dem **g** ein Vokal vorausgeht

→ -ce -ge wenn dem **c** und dem **g** ein Konsonant vorausgeht

1. l'aller**gia**
le ....

2. la cami**cia**
le ....

3. la do**ccia**
le ....

4. la spiag**gia**
le ....

I TIPI DI CAFFÈ

Kaffee ist nicht gleich Kaffee! Verbinden Sie die Bilder, die als Erklärung dienen, mit den entsprechenden Kaffeevarianten.

...... **A** caffè macchiato

...... **B** caffè doppio

...... **C** caffè corretto

...... **D** caffè ristretto

...... **E** caffè lungo

1

2
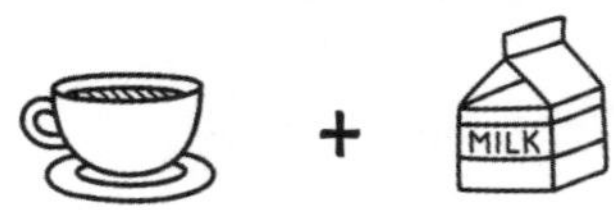

3

4
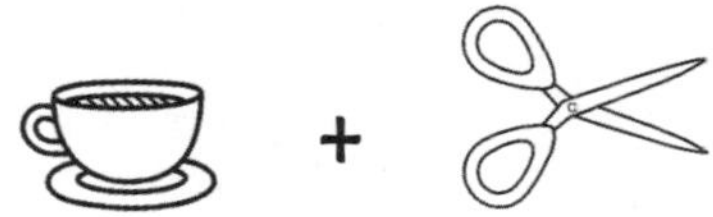

5

LÖSUNG
Il plurale dei sostantivi femminili in -cia/-gia: 1. allergie, 2. camicie, 3. docce, 4. spiagge
I tipi di caffè: 1. B, 2. A, 3. E (*mit mehr Wasser*), 4. D (*mit wenig Wasser*), 5. C (*mit einem Schuss Schnaps*)

89 A LONDRA ★★

Un turista a Londra incontra un ragazzo:

Dimmi, capita spesso di vedere il sole da queste parti?[1]

Non lo so, signore, ho soltanto tredici anni![2]

Ein Tourist trifft in London einen Jungen. **1** „Sag mal, kommt es in dieser Gegend oft vor, dass man die Sonne sieht?". **2** „Das weiß ich nicht, ich bin erst dreizehn!".

Um das Alter anzugeben, wird auf Italienisch – anders als im Deutschen – das Verb **avere … anni** und nicht **essere** verwendet!

DIMMI

Beim bejahten Imperativ in der Du-Form werden die Pronomen angehängt wie z. B. raccontami! *(Erzähl mir mal!)*. **Bei einsilbigen Imperativen (da', di', fa', sta', va') verdoppelt sich der Konsonant des Pronomens (außer gli) wie z. B. bei dimmi!** *(Sag mir mal!)*; **aber: digli!** *(Sag ihm mal!)*. **Schreiben Sie mit den vorgegebenen Wörtern Sätze in der Du-Form des Imperativs.**

1. dire – le – la verità ....!
2. fare – mi – un favore ....!
3. dare – gli – un consiglio ....!
4. andare – ci – subito ....!
5. stare – mi – bene ....!

PROVERBI SUL METEO

Kennen Sie italienische Sprichwörter über das Wetter und die Jahreszeiten? Oft enthalten sie auch einen Reim. Das wird Ihnen helfen, das jeweils richtige Ende der Sprichwörter zu finden und sie sich zu merken!

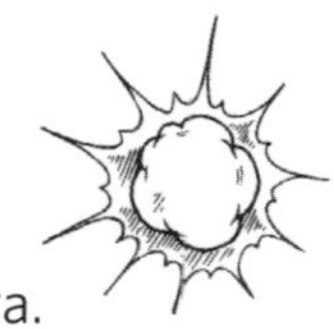

1.	Cielo a pecorelle...	.... **A**	non ti scoprire.
2.	D'aprile...	.... **B**	bel tempo si spera.
3.	Una rondine...	.... **C**	guarda il sole e apri l'ombrello.
4.	Marzo pazzerello...	.... **D**	non fa primavera.
5.	Rosso di sera...	.... **E**	brutto tempo si avvicina.
6.	Rosso di mattina...	.... **F**	acqua a catinelle.

LÖSUNG
Dimmi: 1. Dille la verità, 2. Fammi un favore, 3. Dagli un consiglio, 4. Vacci subito, 5. Stammi bene (*Mach's gut*)
Proverbi sul meteo: 1. F, 2. A, 3. D, 4. C, 5. B, 6. E

90 MANI IN ALTO!

★★★

A Napoli un delinquente sale sull'autobus: "Mani in alto, questa è una rapina!".
Un passeggero: "Oh, che paura! Pensavo che fosse il controllore!".

In Neapel steigt ein Verbrecher in den Bus: „Hände hoch, dies ist ein Überfall!".
Ein Fahrgast: „Ach, bin ich erschrocken! Ich dachte, es sei der Kontrolleur!".

Die armen Neapolitaner... Während in deutschen Witzen der Humor meist auf Kosten der Ostfriesen geht, werden in italienischen Witzen besonders die Neapolitaner verspottet. Nach weit verbreiteten Klischees haben sie zum Beispiel keine Lust zu arbeiten, essen nur Pizza, sind häufig Diebe und halten sich nicht an Regeln wie etwa bei der Nutzung öffentlicher Verkehrsmittel ohne Fahrkarte. Das sind natürlich alles Ammenmärchen!

IL CONGIUNTIVO IMPERFETTO IRREGOLARE

Die Formen des congiuntivo imperfetto haben Sie ja bereits kennengelernt. Hier geht es nun um die unregelmäßigen Formen wie z. B. im Witz: „Pensavo che fosse il controllore". Sehen Sie sich die Tabelle an und ergänzen Sie dann die Sätze im congiuntivo imperfetto.

	essere	fare	dire	stare
io	fossi	facessi	dicessi	stessi
tu	fossi	facessi	dicessi	stessi
lui, lei, Lei	fosse	facesse	dicesse	stesse
noi	fossimo	facessimo	dicessimo	stessimo
voi	foste	faceste	diceste	steste
loro	fossero	facessero	dicessero	stessero

1. Sei già a casa? Credevo che *(essere)* .... ancora al lavoro.
2. Non sapevo che Anna *(stare)* .... male.
3. Era ora che *(voi - fare)* .... un po' di sport!
4. Temeva che le *(io - dire)* .... di non venire.

ESPRIMERE LA PROPRIA OPINIONE

Wie kann man seine Meinung ausdrücken? Wann benutzt man den Indikativ und wann den congiuntivo? Fügen Sie die Verben und die Ausdrücke in die richtige Spalte ein: secondo me – penso che – trovo che – a mio avviso – credo che – per me.

1. + INDICATIVO	2. + CONGIUNTIVO
....	....
....	....
....	....

LÖSUNG
Il congiuntivo imperfetto irregolare: 1. fossi, 2. stesse, 3. faceste, 4. dicessi
Esprimere la propria opinione: 1. secondo me, a mio avviso, per me; 2. penso che, trovo che, credo che

91 CHE BELLO!

Due turisti ammirano il Colosseo.
Turista 1: "Che bello!".
Turista 2: "Hai ragione e pensa come sarà quando l'avranno finito!".

Zwei Touristen bewundern das Kolosseum.
Tourist 1: „Ach, wie schön!".
Tourist 2: „Du hast recht und stell dir vor, wie schön es sein wird, wenn es einmal fertiggestellt ist!".

IL FUTURO ANTERIORE

Das futuro anteriore drückt Handlungen und Ereignisse aus, die vor anderen ebenfalls in der Zukunft liegenden Vorgängen stattfinden werden. Oft steht das futuro presente im Hauptsatz und der Nebensatz mit dem futuro anteriore wird mit Konjunktionen wie dopo che *nachdem*, **quando** *wenn*, **appena** *sobald* **eingeleitet. Das futuro anteriore wird mit den Formen des futuro presente von essere bzw. avere und dem Partizip Perfekt des Verbs gebildet wie z. B. im Witz: „pensa come sarà quando l'avranno finito". Im Italienischen wird diese Zeit häufiger benutzt als im Deutschen, wo meist das Perfekt verwendet wird. Ergänzen Sie die Sätze im futuro anteriore.**

1. Potrai andare a giocare solo quando *(finire)* .... i compiti.
2. Ti chiameremo, appena *(arrivare)* .... in aeroporto.
3. Passerò a prenderti, dopo che *(fare)* .... la spesa.
4. Dopo che Luca *(uscire)* ...., andrò a dormire.

ESCLAMAZIONI

Das Interrogativpronomen che kann auch in Ausrufen benutzt werden wie z. B. bei Che bello! Was sagen wohl die Leute auf den Bildern? Verbinden Sie.

1

2

3

4
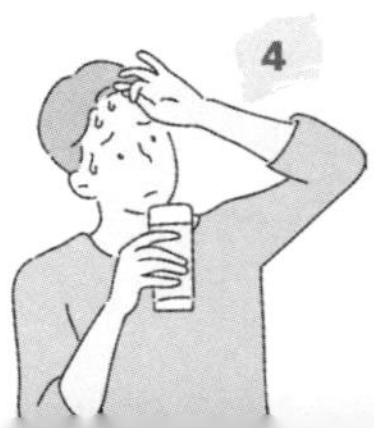

...... **A** Che meraviglia!

...... **B** Che caldo!

...... **C** Che bontà!

...... **D** Che noia!

LÖSUNG
Il futuro anteriore: 1. avrai finito, 2. saremo arrivati, 3. avrò fatto, 4. sarà uscito
Esclamazioni: 1. D (*Sowas Langweiliges!*), 2. A (*Wie schön!*), 3. C (*Wie lecker!*), 4. B (*Ist das heiß!*)

92 IN VACANZA

Un tedesco e un italiano in vacanza ai Caraibi.
L'italiano: "Io sono qui perché la mia casa è stata distrutta da un incendio e l'assicurazione ha pagato tutto. E Lei?".
Il tedesco: "Io sono qui perché la mia casa è stata distrutta da un'inondazione e la mia assicurazione ha pagato tutto".
L'italiano: "Scusi, ma come ha fatto a provocare l'inondazione?".

Ein Deutscher und ein Italiener im Urlaub in der Karibik.
Der Italiener: „Ich bin hier, weil mein Haus durch einen Brand zerstört wurde, und die Versicherung alles bezahlt hat. Und Sie?".
Der Deutsche: „Ich bin hier, weil mein Haus durch eine Überschwemmung zerstört wurde, und die Versicherung alles bezahlt hat".
Der Italiener: „Entschuldigung, aber wie konnten Sie die Überschwemmung auslösen?".

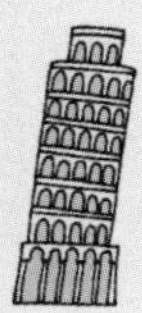

IL PASSIVO

Im Witz ist eine passive Form zu finden: „la mia casa è stata distrutta". Das Passiv wird mit einer Form von essere und dem Partizip Perfekt gebildet, das sich in Geschlecht und Zahl immer nach dem Subjekt richtet. Sind Urheber oder Ursache der Handlung bekannt, werden sie mit der Präposition da (mit oder ohne Artikel) angegeben: la mia casa è stata distrutta da un incendio. Wandeln Sie die Sätze vom Aktiv ins Passiv um.

1. La mia assicurazione ha pagato i danni.

....

2. Il terremoto ha danneggiato quel palazzo.

....

3. La nebbia provoca molti incidenti.

....

4. La ditta ristrutturerà la casa entro l'estate.

....

LE CATASTROFI NATURALI

Finden Sie im Wortgitter folgende sechs Naturkatastrophen:
Dürre, Erdrutsch, Lawine, Orkan, Überschwemmung, Vulkanausbruch.

A	L	L	U	V	I	O	N	E
N	O	M	P	A	D	A	S	R
C	A	B	T	L	E	T	I	U
U	R	A	G	A	N	O	C	Z
C	O	P	Z	N	A	R	C	I
I	R	T	L	G	S	H	I	O
F	R	A	N	A	I	F	T	N
A	D	V	U	P	L	A	À	E

LÖSUNG
Il passivo: 1. I danni sono stati pagati dalla mia assicurazione, 2. Quel palazzo è stato danneggiato dal terremoto, 3. Molti incidenti sono provocati dalla nebbia, 4. La casa sarà ristrutturata dalla ditta entro l'estate
Le catastrofi naturali: waagerecht: alluvione, uragano, frana; senkrecht: valanga, siccità, eruzione

93 IL MIRACOLO ★

Un tale arriva alla dogana, lo fermano e gli dicono di aprire la valigia.

Il doganiere: "Cosa c'è in quella bottiglia?".

"Acqua Santa di Lourdes!".

Il doganiere dubbioso apre la bottiglia e assaggia: "Ma è whisky!".

"Miracolooooo!".

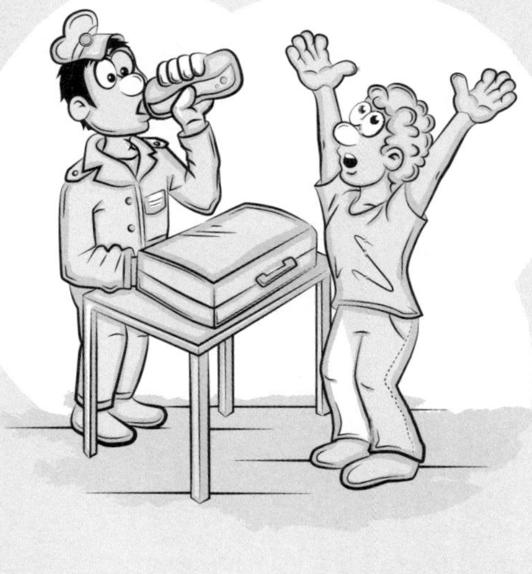

Kommt ein Mann an den Zoll, wird angehalten und aufgefordert, den Koffer zu öffnen.

Der Zöllner: "Was ist in der Flasche da drin?".

"Weihwasser aus Lourdes!".

Der Zöllner öffnet ungläubig die Flasche und nimmt einen Schluck: "Das ist aber Whisky!".

"Ein Wuuuuuunder!".

IL GENERE DEI SOSTANTIVI

Kein Wörterbuch zur Hand? Die folgenden Regeln bezüglich der Endungen helfen Ihnen dabei, das Geschlecht eines Substantivs zu erkennen.

maskulin	
-o	il miracol**o**
-e	il doganier**e**
-one	il sap**one**
Endung auf Konsonant	il ba**r**
Einige Ausnahmen	il cinem**a** il problem**a**

feminin	
-a	la bottigli**a**
-e	la nev**e**
-tà	la novi**tà**
-zione	la cola**zione**
Einige Ausnahmen	la radi**o** la man**o**

Lesen Sie nun die folgenden Wörter: Sind sie maskulin oder feminin? Kreuzen Sie an.

1. stazione
2. università
3. autobus
4. sport
5. birra
6. libro
7. computer
8. pallone
9. città

Das Geschlecht der Substantive auf **-e** erkennt man nur am Artikel oder am dazugehörigen Adjektiv wie z. B. bei **latte fresc<u>o</u>** *(frische Milch)*, **neve fresc<u>a</u>** *(frischer Schnee)*.

LÖSUNG
Il genere dei sostantivi: maskulin: 3., 4., 6., 7., 8.; feminin: 1., 2., 5., 9.

94 UN AVARO ★

Un avaro chiede a Dio:

Che cosa sono per te 1000 anni?[1]

Ma, poco più di un secondo.[2]

E che cosa sono per te 100.000 euro?[3]

Ma, forse un centesimo.[4]

E allora, cosa ti costa darmi un centesimo?[5]

Certo, aspetta solo un secondo...[6]

Ein Geizhals sagt zu Gott: **1** „Was sind für dich 1000 Jahre?". **2** „Ach, wenig mehr als eine Sekunde". **3** „Und was sind für dich 100.000 Euro?". **4** „Ach, vielleicht so viel wie ein Cent". **5** „Na, was kostet es dich dann, mir einen Cent zu geben?". **6** „Sicher, warte nur eine Sekunde ...".

LE ESPRESSIONI DI TEMPO

Alles ist eine Frage der Zeit. Setzen Sie die folgenden Ausdrücke in die richtige zeitliche Reihenfolge.

1. ora | minuto | giorno | secondo

....

2. mese | secolo | anno | settimana | decennio

....

3. l'altro ieri | oggi | ieri | dopodomani | domani

....

I SOLDI

Im Witz wird nicht nur über die Zeit gesprochen, sondern auch über Geld. Tatsächlich sagt man auch auf Italienisch: il tempo è denaro *(Zeit ist Geld)*! **Finden Sie in der Buchstabenkette Wörter rund ums Geld. Die restlichen Buchstaben ergeben den italienischen Ausdruck für „Kleingeld".**

SPCENTESIMOIBANCONOTACCMONETAICONTANTIOEUROLI

Lösungswort: gli ....

Zusammengesetzte Zahlen mit **milione** und **miliardo** werden immer getrennt geschrieben und benötigen die Präposition **di**:
tre milioni di euro *(3.000.000 Euro)*.

LÖSUNG
Le espressioni di tempo: 1. secondo | minuto | ora | giorno, 2. settimana | mese | anno | decennio | secolo, 3. l'altro ieri | ieri | oggi | domani | dopodomani
I soldi: centesimo, banconota, moneta, contanti, euro; Lösungswort: gli spiccioli

95 NELLA GROTTA ★★

Maria e Giuseppe nella grotta di Betlemme stanno discutendo sul nome da dare al loro piccolo. A un tratto Giuseppe si alza, sbatte la testa sul soffitto della grotta e grida: “Cristo!”.
E Maria: “Beh, questo mi sembra un bel nome!”.

Maria und Josef diskutieren nach der Geburt ihres Kindes in Betlehems Stall darüber, welchen Namen sie ihm geben sollen. Plötzlich steht Josef auf, stößt dabei mit dem Kopf an die Stalldecke und brüllt: "Jesus!".
Und Maria: "Na, das scheint mir doch ein schöner Name zu sein!".

Die Weihnachtskrippe ist eine Tradition, die in Italien tief verwurzelt ist. In der traditionellen Krippe gibt es Figuren aus verschiedenen Materialien, die in einer realistischen Umgebung stehen. Wichtig ist es, dass die Figur des Jesuskindes zwischen dem 24. und dem 25. Dezember um Mitternacht in die Krippe gestellt wird, während die Heiligen Drei Könige erst am 6. Januar dazukommen.

IL PRONOME "QUESTO"

Als Pronomen erhält questo die gleichen Formen wie als Adjektiv: questo / questi / questa / queste (siehe Witz 26). Ergänzen Sie die Sätze mit den richtigen Formen von questo.

1. .... è il mio ufficio e là in fondo c'è il tuo.
2. Non voglio mettere quelle scarpe scomode, preferisco .... da ginnastica!
3. Quei regali sono per i cugini, ... invece sono per i nonni.
4. Puoi chiudere quella finestra lì? Ho già aperto .... qui.

IL PRESEPE

Was braucht man alles für eine richtige Krippe? Verbinden Sie die Namen der Figuren und der Tiere mit den entsprechenden Abbildungen.

1

2

3

4

5

6

...... **A** l'asino

...... **B** il bue

...... **C** la capanna

...... **D** la stella cometa

...... **E** i Re Magi

...... **F** il pastore

LÖSUNG
Il pronome "questo": 1. Questo, 2. queste, 3. questi, 4. questa
Il presepe: 1. E, 2. C, 3. B, 4. A, 5. F, 6. D

96 IL FIGLIO DI DIO ★★

Due tizi parlano per strada e uno dice all'altro:
"Guarda che io sono il figlio di Dio!".
"Guarda che ti sbagli. Sono io il figlio di Dio!".
Passa un tale e uno dei due gli chiede: "Scusi, ci guardi bene, secondo lei chi di noi due è il figlio di Dio?".
E quello: "Io non ho figli".

Zwei Typen reden auf der Straße miteinander und der eine sagt zum anderen:
"Übrigens, ich bin der Sohn Gottes!".
"Da irrst du dich! Ich bin der Sohn Gottes!".
Kommt ein anderer vorbei und einer der beiden fragt ihn: "Entschuldigung, schauen Sie uns beide einmal ganz genau an: Wer ist Ihrer Meinung nach der Sohn Gottes?".
Und der andere: "Ich habe keine Kinder".

Im Witz haben Sie den Ausdruck „**guarda che...**" gelesen, der mit der eigentlichen Bedeutung des Verbs **guardare** *(sehen)* fast nichts zu tun hat. Man benutzt ihn, um die Aufmerksamkeit des Gesprächspartners auf sich zu ziehen und um das, was gesagt wird, zu betonen.

IL PLURALE DEI SOSTANTIVI IN -IO

Wie lautet das Wort figlio im Plural? Sehen Sie sich das folgende Schaubild an. Die gleiche Regel gilt auch für die Adjektive auf -io. Ergänzen Sie die jeweils korrekte Pluralform der Substantive.

1. lo z**io**
   gli ....
2. il b**a**c**io**
   i ....
3. il f**i**gl**io**
   i ....
4. l'add**io**
   gli ....

SONO IO IL FIGLIO DI DIO

Möchten Sie einen Satzteil besonders betonen? Im Italienischen gibt es dafür verschiedene Möglichkeiten wie z. B. die Betonung des Subjekts durch Nachstellung: „Sono io il figlio di Dio". Schreiben Sie nun die Sätze um, indem Sie das Subjekt durch Nachstellung betonen.

1. Oggi preparo la colazione.
   ....
2. Tranquilli, risolviamo il problema.
   ....
3. Stasera lui paga per tutti!
   ....!
4. Rispondi al telefono?
   ....?

LÖSUNG
Il plurale dei sostantivi in -io: 1. zii, 2. baci, 3. figli, 4. addii
Sono io il figlio di Dio: 1. Oggi preparo io la colazione, 2. Tranquilli, risolviamo noi il problema, 3. Stasera paga lui per tutti, 4. Rispondi tu al telefono

97 LE PREGHIERE ★★

Don Matteo chiede al piccolo Luigi:

Dici le preghiere prima di mangiare?[1]

No, mia mamma cucina bene![2]

Vater Matteo fragt den kleinen Luigi: **1** „Betest du denn (auch) vor dem Essen?". **2** „Nein, meine Mama kocht ja gut!".

98 DUE CAPPUCCINI ★★

San Pietro alle porte del Paradiso dice a Gesù:

Ci sono due cappuccini...[1]

E Gesù: E chi li ha ordinati?![2]

Vor den Toren zum Paradies sagt (der heilige) Petrus zu Jesus: **1** „Hier sind zwei Kapuziner (= Cappuccini) ...". Und Jesus: **2** „Wer hat die denn bestellt (= geweiht)?!".

LA POSIZIONE DEGLI AVVERBI

Die Stellung des Adverbs ist im Italienischen recht flexibel. In bestimmten Fällen ist die Stellung aber gebunden:

- es steht immer hinter dem Hauptverb, auf das es sich bezieht:
mia mamma cucina bene;
- es steht immer vor dem Adjektiv, auf das es sich bezieht:
mia mamma è molto brava in cucina;
- einige Zeitadverbien (wie ancora, già, mai, sempre) stehen meist zwischen Hilfsverb und Partizip: non ho ancora mangiato.

Schreiben Sie nun Sätze, indem Sie diese Wörter in die richtige Reihenfolge bringen.

1. mangiato | Antonio | ha | troppo

....

2. stato | a | Sei | Londra | mai

....?

3. felice | di | Sono | rivederti | molto

....

4. questo | In | si | poco | ufficio | lavora

....

In Italien wird der Cappuccino in der Regel zum Frühstück getrunken. Manche trinken ihn mitten am Nachmittag, aber es ist keine italienische Angewohnheit, ihn nach oder während der Mahlzeiten zu trinken. Daher bestellen Sie den Cappuccino lieber nur zum Frühstück, wenn Sie sich nicht gleich als Tourist „outen" möchten!

LÖSUNG
La posizione degli avverbi: 1. Antonio ha mangiato troppo, 2. Sei mai stato a Londra, 3. Sono molto felice di rivederti, 4. In questo ufficio si lavora poco

99 LE BUONE AZIONI ★★★

Un ricco banchiere muore. All'ingresso del paradiso si trova davanti a San Pietro.
San Pietro: "Mi dispiace, Lei qui non può entrare".
Il banchiere: "Com'è possibile, con tutte le buone azioni che ho fatto!".
San Pietro: "Ma ne ha fatte anche di cattive".
Il banchiere: "Alcune sì, ma le ho rivendute subito!".

Ein reicher Bankier stirbt. Am Eingang zum Paradies steht er vor dem heiligen Petrus.
Petrus: "Es tut mir leid, Sie dürfen hier nicht herein".
Der Bankier: "Wie ist das möglich, bei all meinen guten Taten (/Aktien)!".
Petrus: "Aber es gab auch schlechte".
Der Bankier: "Schon manche, aber die habe ich gleich wieder abgestoßen!".

Das Wort **azione** bedeutet sowohl *Tat* als auch *Aktie*.
Oggi ho fatto una buona azione. *(Heute habe ich etwas Gutes getan.)*
A quanto sono le azioni? *(Wie stehen die Aktien?)*

L'AGGETTIVO "BUONO"

Steht das Adjektiv buono vor einem männlichen Substantiv im Singular, enden seine Formen wie der unbestimmte Artikel, z. B. un buon lavoro, un buono studente. Außerdem hat das Adjektiv buono eine unterschiedliche Bedeutung je nachdem, ob es vor oder nach dem Substantiv steht:
- un buon amico bedeutet *ein guter Freund*;
- un amico buono bedeutet *ein herzensguter Freund*.

Ergänzen Sie die Sätze mit der richtigen Form des Adjektivs buono.

1. Ti posso dare un .... consiglio?

2. Che .... idea che hai avuto!

3. Ma il tuo cane è davvero ....!

4. Questa zuppa ha proprio un .... odore.

IL PRONOME "NE" NEI TEMPI COMPOSTI

Wenn das Pronominaladverb ne in zusammengesetzten Zeiten steht, wird das Partizip Perfekt in Geschlecht und Zahl entsprechend angeglichen wie z. B. „Ma ne ha fatte anche di cattive". Vervollständigen Sie die Sätze mit dem Pronominaladverb ne. Denken Sie daran, das Partizip anzugleichen.

1. Quanti libri hai letto in un mese? – .... ho lett....... tre.

2. Hai preso le valigie? – No, ... ho pres....... solo una.

3. Vuoi ancora del caffè? – No, ... ho bevut....... già troppo.

4. Quante pizze hai ordinato? – .... ho ordinat....... due.

LÖSUNG
L'aggettivo "buono": 1. buon, 2. buona, 3. buono, 4. buon
Il pronome "ne" nei tempi composti: 1. Ne ho letti, 2. ne ho presa, 3. ne ho bevuto, 4. Ne ho ordinate

100 UNA VEDOVA

★★★

Una vedova dopo la sua morte si trova davanti a San Pietro.
Vedova: “Scusi Pietro, ha per caso visto mio marito?”.
San Pietro: “Ma, non so, vedo passare tanta gente di qui. Me lo descriva”.
Vedova: “È un tipo gelosissimo. Si figuri che prima di morire mi ha detto che se lo avessi tradito si sarebbe rigirato nella tomba”.
San Pietro: “Ah, so chi è! Qui lo chiamiamo Trottola!”.

Eine Witwe trifft nach ihrem Tod auf den heiligen Petrus.
Witwe: "Entschuldigen Sie, Petrus, haben Sie zufällig meinen Mann gesehen?".
Petrus: "Hm, ich weiß nicht, hier kommen so viele Leute vorbei. Beschreiben Sie ihn mir mal".
Witwe: "Er ist ein sehr eifersüchtiger Typ. Stellen Sie sich vor, kurz bevor er starb, sagte er, dass er sich im Grab herumdrehen würde, wenn ich ihn betrügen sollte".
Petrus: "Ach, ich weiß, wer das ist! Hier nennen wir ihn (den) Kreisel!".

LA FRASE IPOTETICA DELL'IRREALTÀ

Wenn in einem Bedingungssatz die Bedingung und die Folge unmöglich oder nicht mehr erfüllbar sind, handelt es sich um eine irreale Hypothese wie im Satz „se lo avessi tradito si sarebbe rigirato nella tomba", die so gebildet wird:

se + congiuntivo trapassato	…	+ condizionale passato

Ergänzen Sie die irrealen Bedingungssätze mit der richtigen Form der angegebenen Verben.

1. Se Luca non *(perdere)* .... il treno, *(arrivare)* .... puntuale all'appuntamento.
2. Se *(tu - studiare)* .... di più, *(superare)* .... sicuramente il test.
3. Se *(io - imparare)* .... bene l'inglese, *(avere)* .... più occasioni lavorative.
4. Se non *(fare)* .... brutto, *(noi - mangiato)* .... in giardino, peccato!

Das Verb **figurarsi**, das im Witz vorkommt, wird hier in der Bedeutung von *sich etwas vorstellen* benutzt und lenkt die Aufmerksamkeit auf den folgenden Satz. Aber es wird auch in anderen Situationen verwendet wie z. B. als Antwort auf einen Dank: In diesem Fall bedeutet **si figuri!** *nichts zu danken*. Der Ausdruck **figurati / figuriamoci se** leugnet dagegen den Inhalt der von ihm eingeführten Sätze: **figurati se arriva puntuale!** *(Du glaubst doch nicht, dass er pünktlich kommt!)*.

LÖSUNG
La frase ipotetica dell'irrealtà: 1. avesse perso, sarebbe arrivato; 2. avessi studiato, avresti superato; 3. avessi imparato, avrei avuto; 4. avesse fatto, avremmo mangiato

101 SANTO CIELO!

Dallo psichiatra: “Dottore, dicono che ho manie di grandezza”.
“Si stenda e mi racconti tutto dal principio”.
“Allora, al principio creai il cielo e la Terra...”.

Beim Psychiater: "Herr Doktor, man sagt mir nach, ich leide an Größenwahn".
"Legen Sie sich hin und erzählen Sie mir alles von Anfang an".
"Am Anfang schuf ich Himmel und Erde ...".

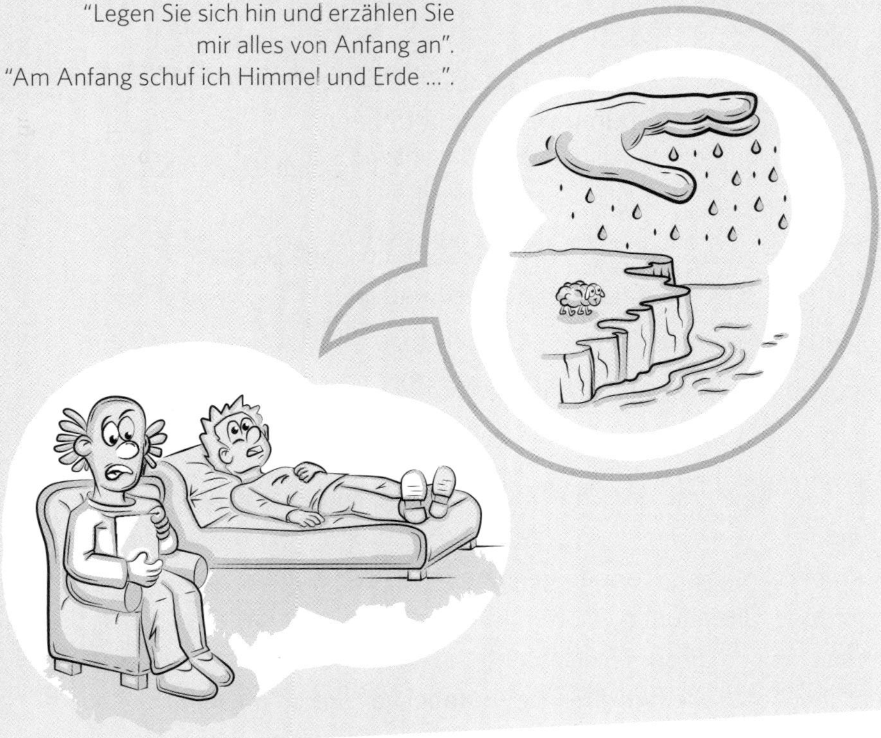

IL PASSATO REMOTO

Das passato remoto, die historische Vergangenheit, ersetzt das passato prossimo, wenn man etwas erzählt, das vor langer Zeit geschah und keine Verbindung mehr zur Gegenwart hat: „al principio creai il cielo e la Terra". Es wird hauptsächlich in der Schriftsprache benutzt, insbesondere als Erzählzeit. Sehen Sie sich zuerst die Tabelle mit den Formen des passato remoto an.

	pens**are**	cred**ere**	sent**ire**	**essere**	**avere**
io	pens**ai**	cred**etti/-ei**	sent**ii**	**fui**	**ebbi**
tu	pens**asti**	cred**esti**	sent**isti**	**fosti**	**avesti**
lui	pens**ò**	cred**ette/-é**	sent**ì**	**fu**	**ebbe**
noi	pens**ammo**	cred**emmo**	sent**immo**	**fummo**	**avemmo**
voi	pens**aste**	cred**este**	sent**iste**	**foste**	**aveste**
loro	pens**arono**	cred**ettero/-erono**	sent**irono**	**furono**	**ebbero**

Vervollständigen Sie nun die Sätze im passato remoto.

1. Nel 1928 Alexander Fleming *(scoprire)* .... la penicillina.
2. Nel 1910 i miei bisnonni *(emigrare)* .... in Argentina.
3. Quando era giovane, mia nonna *(ricevere)* .... una lettera dalla regina.
4. Luigi Einaudi *(essere)* .... il primo presidente della Repubblica Italiana.

Und jetzt, da Sie es bis zum Ende des Buchs geschafft haben, können Sie aufatmen mit dem Ausruf: **grazie a Dio!** *(Gott sei Dank!)* oder **grazie al cielo!** *(dem Himmel sei Dank!)*.

LÖSUNG
Il passato remoto: 1. scoprì, 2. emigrarono, 3. ricevette, 4. fu

BILDNACHWEIS

3 PONS GmbH (Mariela Schwerdt), Stuttgart; **4** Shutterstock (janista), New York; **10** Shutterstock (Marco Rosales), New York; **10.1** PONS GmbH (Mariela Schwerdt), Stuttgart; **11, 36.2** Getty Images (WINS86), München; **11.6** Shutterstock (Daniela Barreto), New York; **12** PONS GmbH (Mariela Schwerdt), Stuttgart; **13** Shutterstock (primiaou), New York; **14** Shutterstock (PenWin), New York; **15** Shutterstock (IhorZigor), New York; **16.1** Getty Images (LokFung), München; **16.2** Shutterstock (WWWoronin), New York; **18.1** Shutterstock (Lalahouse), New York; **18.2** Shutterstock (Maaike Boot), New York; **19** Shutterstock (Jozsef Bagota), New York; **20** PONS GmbH (Mariela Schwerdt), Stuttgart; **21** Shutterstock (mijatmijatovic), New York; **22** Shutterstock (GooseFrol), New York; **23** Shutterstock (AVA Bitter), New York; **24.1** Shutterstock (Afanasia), New York; **24.2** Shutterstock (Daniela Barreto), New York; **25** Shutterstock (Jimena Catalina Gayo), New York; **26.1** Shutterstock (Inga Linder), New York; **26.2** Shutterstock (Vera Serg), New York; **27** Shutterstock (Diego Schtutman), New York; **28, 29** Shutterstock (Kirill Mlayshev), New York; **30** Getty Images (kimberrywood), München; **31.2** Shutterstock (Maria Averburg), New York; **31.1, 55, 73.2, 77, 87, 93.2, 96, 97.1, 109.1, 127, 157, 163, 175, 181** Shutterstock (Standard Studio), New York; **32** Getty Images (Wislander), München; **33** Shutterstock (Elina Li), New York; **34** Shutterstock (Nikolaeva), New York; **34.1, 35** Shutterstock (AuraArt), New York; **35, 113** Shutterstock (puruan), New York; **36.1** Shutterstock (VectorShop), New York; **38.1** PONS GmbH (Mariela Schwerdt), Stuttgart; **38.2** Shutterstock (Annykos), New York; **39.1** Shutterstock (Aleks Melnik), New York; **39.2** Shutterstock (Netkoff), New York; **39.3** Shutterstock (Andreeva Marina), New York; **39.4** Shutterstock (naum), New York; **39.5** Shutterstock (Prokhorovich), New York; **39.6** Shutterstock (Squirrel_illustration), New York; **40** Shutterstock (aurielaki), New York; **41** Shutterstock (BlueRingMedia), New York; **42** Shutterstock (Orfeev), New York; **44.1** Getty Images (Ming Lok Fung), München; **44.2** Shutterstock (olllikeballoon), New York; **45** Shutterstock (En min Shen), New York; **47** Shutterstock (miniwide), New York; **47.2** Shutterstock (Devita ayu silvianingtyas), New York; **48** Shutterstock (Prachaya Roekdeethaweesab), New York; **49** Shutterstock (KateMacate), New York; **50** PONS GmbH (Mariela Schwerdt), Stuttgart; **51** Shutterstock (redchocolate), New York; **52.2, 58.2, 61, 64.2** Shutterstock (Fafarumba), New York; **52** Shutterstock (Chonnajak), New York; **53** Shutterstock (Annykos), New York; **53.3** Shutterstock (Daniela Barreto), New York; **53, 70** Shutterstock (Goderuna), New York; **53.6** Shutterstock (Canicula), New York; **53.7** Shutterstock (nadiia_oborska), New York; **54.1** Shutterstock (fire_fly), New York; **54.2** Shutterstock (Julia August), New York; **56** Shutterstock (LOVE YOU), New York; **57** Shutterstock (primiaou), New York; **58.1** Shutterstock (redchocolate), New York; **59** Shutterstock (Seek and Find), New York; **59** Getty Images (macrovector), München; **59** Shutterstock (Fafarumba), New York; **59** Shutterstock (GooseFrol), New York; **59** Getty Images (fleaz), München; **60** Shutterstock (bioraven), New York; **62** Shutterstock (handini_atmodiwiryo), New York; **63** Shutterstock (lalec), New York; **65** Shutterstock (Roi and Roi), New York; **66** Shutterstock (Val_Iva), New York; **68** PONS GmbH (Mariela Schwerdt), Stuttgart; **70** Shutterstock (olllikeballoon), New York; **71** Shutterstock (Alexandra Dikaia), New York; **71** Shutterstock (Alexandra Dikaia), New York; **71** Shutterstock (Alexandra Dikaia), New York; **71** Shutterstock (Alexandra Dikaia), New York; **71** Shutterstock (Alexandra Dikaia), New York; **71** Shutterstock (Alexandra Dikaia), New York; **72** Shutterstock (Victoria Sergeeva), New York; **73** Shutterstock (yusufdemirci), New York; **74** PONS

GmbH (Mariela Schwerdt), Stuttgart; **76.1** Shutterstock (Alexandra Dikaia), New York; **76.2, 82.2** Shutterstock (Qilli), New York; **78** PONS GmbH (Mariela Schwerdt), Stuttgart; **84** Shutterstock (Daniela Barreto), New York; **85** Shutterstock (Erta), New York; **86** Shutterstock (Visual Generation), New York; **88** Shutterstock (MoanaAkasso), New York; **89** Shutterstock (Rebellion Works), New York; **90.1** Shutterstock (Brown Camel Studios), New York; **90.2** Shutterstock (Rattikankeawpun), New York; **90.3** Shutterstock (Lucky96), New York; **91** Shutterstock (whitemomo), New York; **92** Shutterstock (MargarRita44), New York; **93** Shutterstock (akiradesigns), New York; **94** Shutterstock (frikota), New York; **97.2** Shutterstock (autumnn), New York; **98** PONS GmbH (Mariela Schwerdt), Stuttgart; **99** Shutterstock (Gurza), New York; **100** PONS GmbH (Mariela Schwerdt), Stuttgart; **101.1** Shutterstock (Great_Kit), New York; **101.2** Shutterstock (Aha-Soft), New York; **102** Shutterstock (Donchida W), New York; **103** Shutterstock (Yurchenko Yulia), New York; **104** Shutterstock (AuraLux), New York; **105** Shutterstock (Lyudmyla Kharlamova), New York; **106** PONS GmbH (Mariela Schwerdt), Stuttgart; **107** Shutterstock (olllikeballoon), New York; **108** PONS GmbH (Mariela Schwerdt), Stuttgart; **109** Shutterstock (Irina Yuzh), New York; **110** Shutterstock (Macrovector), New York; **112** Shutterstock (GabrielJose), New York; **114.1** Shutterstock (vectortatu), New York; **114.2** Getty Images (CSA-Archive), München; **116** PONS GmbH (Mariela Schwerdt), Stuttgart; **117** Shutterstock (ONYXprj), New York; **118** Fotolia (tbob j. affelwoolf), New York; **119** Shutterstock (MicroOne), New York; **120** Shutterstock (whitemomo), New York; **121, 122, 135** Getty Images (veekicl), München; **124** Shutterstock (LHF Graphics), New York; **126** Shutterstock (hchjjl), New York; **128** Shutterstock (LeoEdition), New York; **130** Shutterstock (Devita ayu silvianingtyas), New York; **131** Shutterstock (AllNikArt), New York; **132** PONS GmbH (Mariela Schwerdt), Stuttgart; **134** Shutterstock (jesadaphorn), New York; **136** Shutterstock (zaryov), New York; **138, 152.2, 150.1** Shutterstock (Katerin_vin), New York; **141.1** Shutterstock (Sasha Mosyagina), New York; **141.2** Shutterstock (olllikeballoon), New York; **142** Shutterstock (Devita ayu silvianingtyas), New York; **145** Shutterstock (Orfeev), New York; **145.2** Shutterstock (nikiteev_konstantin), New York; **146, 148** Shutterstock (mhatzapa), New York; **150.2** Shutterstock (white snow), New York; **152** Shutterstock (Kurt Achatz), New York; **154** PONS GmbH (Mariela Schwerdt), Stuttgart; **156.1** Shutterstock (KateMacate), New York; **156.2** Shutterstock (vallustrationstudio), New York; **158** Shutterstock (ChiMog), New York; **159** Shutterstock (dicogm), New York; **160** Shutterstock (Halcja), New York; **161.1** Shutterstock (whitemomo), New York; **161.2** Shutterstock (urfin), New York; **162** Shutterstock (Aluna1), New York; **164.1** Shutterstock (Uspenskaya A), New York; **164.2** Shutterstock (redchocolate), New York; **165.1** Shutterstock (Sudowoodo), New York; **165.3** Shutterstock (lineartestpilot), New York; **165.4** Shutterstock (aiconsmith), New York; **165.5** Shutterstock (bsd), New York; **166** Shutterstock (Saint A), New York; **167** Shutterstock (Multigon), New York; **168** Shutterstock (Puslatronik), New York; **170** PONS GmbH (Mariela Schwerdt), Stuttgart; **171.1** Shutterstock (miniwide), New York; **171.2** Shutterstock (miniwide), New York; **171.3** Shutterstock (miniwide), New York; **171.4** Shutterstock (miniwide), New York; **172** Shutterstock (Ola_view), New York; **174** PONS GmbH (Mariela Schwerdt), Stuttgart; **176** Shutterstock (luma_art), New York; **177** Shutterstock (redchocolate), New York; **178, 179** Shutterstock (JosepPerianes), New York; **180** Shutterstock (FernPat), New York; **182.1** Shutterstock (4zevar), New York; **182.2** Shutterstock (Siberian Art), New York; **184** Shutterstock (Adam Vilimek), New York; **186** Shutterstock (Astarina), New York; **188.1** PONS GmbH (Mariela Schwerdt), Stuttgart; **188.2** PONS GmbH (Mariela Schwerdt), Stuttgart

Staunen, schmunzeln und üben!

- **Kuriose Fakten** lesen, über **witzige Anekdoten** schmunzeln und nebenbei in kleinen Übungen zu Land und Leuten seine Sprachkenntnisse aufpeppen.
- Eine Doppelseite bietet **unterhaltsames Sprachenlernen** für die 5- bis 10-minutige Pause zwischendrin.
- **Rätsel, Quizübungen, Redewendungen** sowie viel nützliches und unnützes Wissen.

ISBN: 978-3-12-566011-3